JN000862

いのちの光

仏法からみた「発達障害」

聖教新聞
大白蓮華編集部 編

潮出版社

いのちの光

はじめに

この世に同じ人はいない。

当然のごとく、そのことを知っていながらも、人は「同じ」であることに安心感《あんしんかん》を覚え、気づかぬうちに同じ色に染《そ》まり、時には人をも染めようとする。

そうした空気感の中で、「同じ」に属《ぞく》さない人は、「変わった人」として色分けされることも少なくない。

もう一度、確認したい。

この世に同じ人はいない、のだ。

そうであるならば、全ての人が「変わった人」と言えるわけで、誰も引け目を感じる必要もないし、変わっていること＝自分らしさ、と堂々と誇《ほこ》っていいのだ。

月刊誌「大白蓮華《だいびゃくれんげ》」の連載「いのちの光」では、「発達障害」をテーマに2年間、取材を進めてきた。連載担当の筆者も、当初、発達障害についての見聞《けんぶん》は狭《せま》く、恥ずかしながら、心のどこかで当事者の方々を「変わった人」と見る偏《かたよ》った認識をもっていた。

しかし、多くの当事者やご家族と接し、自らの世界観がいかに小さく浅《あさ》いものであるかを痛《つう》感《かん》した。発達障害の人たちがもつ特性の多彩《たさい》さに触れたことで、人と違うからこその「強み」があるのだと知ることができた。

それと同時に、いかに「同じ」や「普通」、そして「常識」を求められる社会であるのかが、よく見えるようになった。

連載が始まって以降、編集部には約４００件に及ぶメールや手紙・葉書《はがき》の便《たよ》りが寄せられた。

全ての内容を拝見し、一つ一つの思いを受け止める中で、発達障害の方々やご家族らが直面している現実の厳しさを知った。論文に匹敵《ひってき》するほどの長文の便りも数多く寄せられ、今まで胸にしまってきたであろう思いが赤裸々《せきらら》につづられていた。

発達障害は、いまなお解明の途上にあり、さらなる研究・調査が必要な分野とされている。本連載は、苦悩に対する「正解」を提示するものではなく、当事者らの悩みや痛みを知る中で、私たちに何ができるかを一緒に考える機会になればと進めてきた。

編集部に寄せられた意見や要望を踏まえ、内容を練《ね》ることも多く、投稿者に取材を申し込むなどして、生の声をリアルに反映し、読者の皆様と伴走《ばんそう》しながら形にしてきた。

なかには、この連載を読み、初めて「発達障害」を認知するようになったという人もいた。発達障害の特性で悩んできた家族の心を知ったことで自身の認識を改め、関係性が大きく好転《こうてん》していったという。本連載が少しでも当事者の方々の苦痛の刺《とげ》を抜くきっかけとなっていることを知り、愁眉《しゅうび》を開くことができた。


「ちょっとの理解で救われることも多い」

取材の際に、何度も耳にした言葉である。

言わずもがな、発達障害の方々が生きやすい未来をつくるためには、多くの人の理解と支援が欠かせない。しかし、「発達障害」という言葉は知れども、当事者の方々が、何に悩み、何に苦しみ、何を求めているかまで知る人は、そう多くはない。

電車や街中や会社で、「変わっているな」と感じる人がいたり、「不思議だな」と思う行動を見たりした時、私たちの心はどう反応しているだろうか。筆者自身は、この連載を通して、発達障害の特性や当事者の方々の生きづらさを知り、表層の見える部分だけにとらわれず、その奥にある行動の理由や心の動きにまで思いをめぐらせることができるようになった。

何か、特別なことをするわけではない。

ちょっと知る。そこから優しさが生まれる。

ちょっとでも理解しようと心がける。そこから、支援の輪が始まる。

私たちの「ちょっと」の歩み寄りが、全ての人にとって生きやすく居《い》心《ごこ》地《ち》の良い未来へとつながっていることを信じ、自分にできる「ちょっと」を重ねていきたい。

大白蓮華編集部

目次

装丁／金田一亜弥
本文デザイン・ＤＴＰ／スタンドオフ
写真提供／聖教新聞社

この世に生まれてきた
全ての生命が、
かけがえのない「ただ一つ」の宝である。
誰かと比べる必要なんかない。
桜梅桃李《おうばいとうり》。それぞれの輝きがある。
君は君。僕は僕。
自分らしく、あなたらしく、
「いのちの光」を灯していこう。

誌上座談会

孤立させない「心の居場所」を

精神科医 遠藤《えんどう》幸彦《ゆきひこ》
児童精神科医 荻野《おぎの》和雄《かずお》
臨床心理士 西里《にしざと》美菜保《みなほ》

近年、世間で広く知られるようになった「発達障害」。しかし、その原因や実態は、今なお解明されていない部分が多くあり、さらなる研究・調査が必要な分野です。ここでは、精神科医、児童精神科医、臨床心理士の3人に、発達障害について、仏法的視点を交《まじ》えながら語り合っていただきます。

遠藤　ここ数年で「発達障害《はったつしょうがい》」という言葉は、だいぶ世間《せけん》に知られるようになりました。しかし、それと並行《へいこう》して深い理解が進んできているかというと疑問《ぎもん》も残ります。

西里　カウンセリングに来られる親御さんでも、周囲や親族に理解を示してもらえず、悩まれている方がたくさんいます。

荻野　発達障害とは何か。どんな苦悩があるのか。まず、それを知ることが、大切な支援の一歩になるのではないでしょうか。

遠藤　日本で「発達障害」が規定されたのは、「発達障害者支援法」が施行《しこう》された2005年で、つい最近のことです。そこで「脳機能の障害」であることが明示されましたが、いまだに、親のしつけが悪い、本人の努力が足りない、などの誤解《ごかい》もあります（※）。

西里　発達障害は、遺伝的要因《いでんてきよういん》や環境要因が影響し合って発現《はつげん》するとされていますが、その原因や実態は、まだはっきりしていません。一概《いちがい》に〝こうだ〟と断定できないのです。

遠藤　特性に挙げられるものの中には、「融通がきかない」「集中力がない」などがありますが、これらは発達障害でない人にも当てはまることがあります。つまり、当てはまるから言って、その人が発達障害であるとは、必ずしも言えないのです。

※発達障害者支援法第2条において、発達障害は「自閉症、アスペルガー症候群その他の広汎性発達障害、学習障害、注意欠陥多動性障害その他これに類する脳機能の障害であってその症状が通常低年齢において発現するもの」と明示された。

荻野　そもそも「障害」という訳語《やくご》が妥当《だとう》かどうかも疑問視されています。専門家の中でも「発達の不均衡《ふきんこう》」「発達の凸凹《でこぼこ》」といった表現のほうが適当との意見もあります。

西里　障害という言葉にとらわれすぎると、偏見《へんけん》を助長《じょちょう》しかねません。あらゆる症状を、取り除《のぞ》くべき「障害」ではなく、個々の「特性」として理解することが大切です。

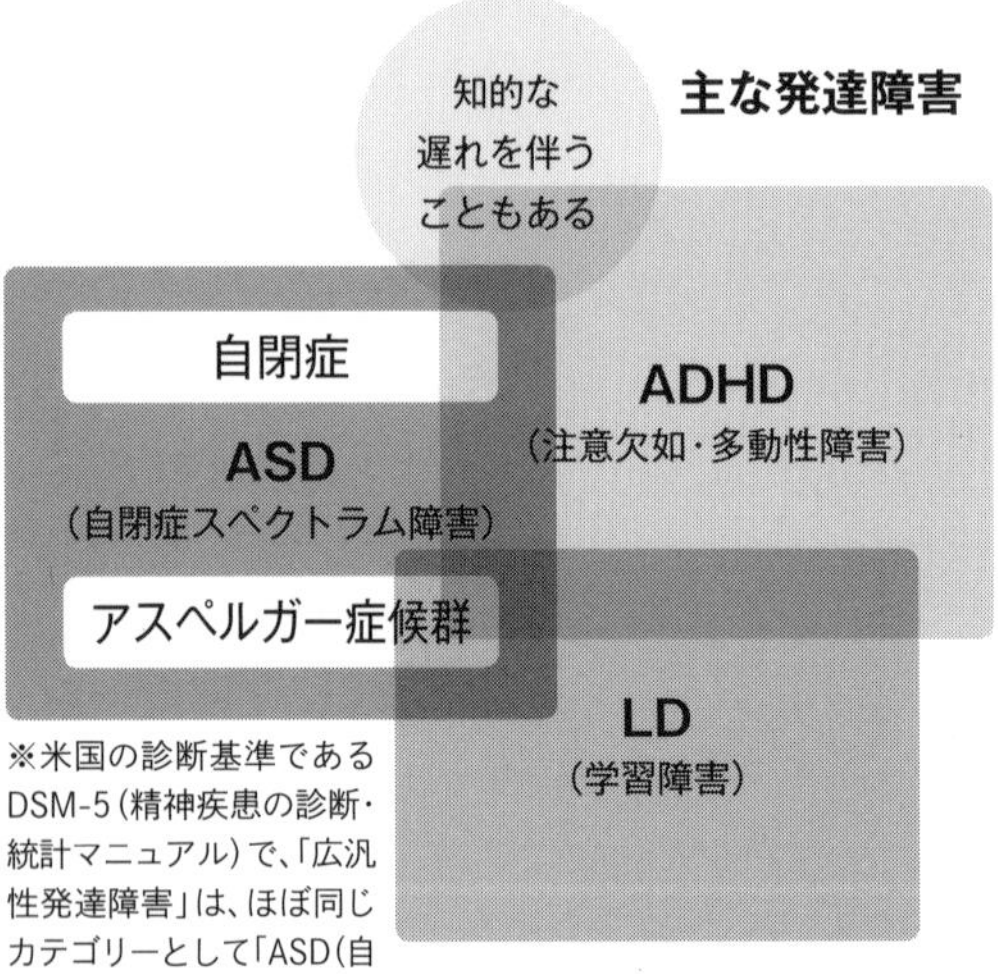

※米国の診断基準であるDSM-5（精神疾患の診断・統計マニュアル）で、「広汎性発達障害」は、ほぼ同じカテゴリーとして「ASD（自閉症スペクトラム障害）」に統合された

遠藤　かつて池田大作先生は、釈尊《しゃくそん》が出家《しゅっけ》した機縁《きえん》の一つに、病苦などにあえぐ人たちが孤独に置かれている社会状況があったことを教えてくださいました。

「生命の尊《とうと》さに変わりはない。にもかかわらず、周囲から疎外《そがい》され、自分をありのままに受け止めてくれるつながりを得られず、苦しさばかりが募《つの》る状況を、釈尊は看過《かんか》できなかった」と。

荻野　発達障害には、その特性ゆえに抱える苦しみや悩み、生きづらさがあります。さらに、それを周囲に気づいてもらえなかったり、誤解されたりすることで、本人や家族が、社会から孤立してしまいます。
　だからこそ周囲の人たちが、それぞれの特性を知り、その人ならではの苦悩を適切に理解しようと努《つと》めることが大切です。それによって初めて、苦悩をどう緩和《かんわ》し、取り除いていけるかが見えてくるのです。

ASD（自閉症スペクトラム障害）の主な特性

●コミュニケーション力、社会性、想像力（こだわり行動）に障害があり、感覚過敏なども見られる

・視線が合いにくい
・空気を読むのが苦手
・他者への関心が薄い
・自己主張が強く一方的な行動が目立つ
・言葉の発達の遅れ
・曖昧な表現、例え話が理解しにくい
・相手の表情から気持ちを読み取れない
・急な予定変更にパニックを起こす
・決まった順序や道順にこだわる

※知的な遅れや言葉の遅れのない場合もある

表1

特性について

遠藤　発達障害の代表的なものには、ASD（自閉症スペクトラム障害）、ADHD（注意欠如・多動性障害）、LD（学習障害）があり、併《へい》存《ぞん》して表れることもあります。

●ASD（自閉症スペクトラム障害）

　ASDは米国の診断基準DSM－5（精神疾患の診断・統計マニュアル）で新しく導入された言葉で、「アスペルガー症候群」「広《こう》汎《はん》性《せい》発達障害」などの定義や呼称は、ASDとして包《ほう》括《かつ》されるようになりました。

名称の「スペクトラム」は日本語で「連続体」を意味します。虹のグラデーションに境界がないように、知的障害の有無や自閉度にも幅広い差があり、特定の色づけをできるものではありません。

西里　特性には、視線が合いにくい、空気を読むのが苦手、他者への関心が薄い、などがあります（表1）。感覚過敏《かびん》や偏食《へんしょく》、手先の不器用《ぶきよう》さ、睡眠障害などが見られることもあります。他にも、曖昧《あいまい》な表現が理解しづらく、例えば、「しばらく待つ」と言われても、「しばらく」の程度がつかめず、待ち続けてしまうことがあります。

荻野　親御さんには、よくＡＳＤを視力に例えて説明することがあります。視力も連続体であるからです。そして、どこからが障害で困難さがあるかは、その状況や環境によります。また、視力の悪い子に、「目が見えるように頑張りなさい」と言ったところで、それは理不尽な話です。視力の悪い子には、メガネやコンタクトレンズを装着《そうちゃく》するなど、視力に合わせた対応がなされます。

これと同じように、相手の特性ゆえの困難を理解し、周りの私たちが、メガネやコンタクトレンズの存在となって、特性（視力）に合わせたサポートをすべきなのです。

●ＡＤＨＤ（注意欠如・多動性障害）

西里　ＡＤＨＤには、著《いちじる》しい不注意や多動性・衝動性があります（表2）。集中力が続かない。

じっとしていられない。思いついたら考えずに行動する。こうした特性は、子どもには、大なり小なり見られる特徴でもあるため、発達障害という認識をもってもらえないことがあります。

遠藤　授業中に歩き回る。衝動性から友達に乱暴をしてしまう。そんな一面から、「問題児」「親の育て方が悪い」と否定的に見られてしまうことも少なくありません。

荻野　順番を待たないといけないのに列に割り込んでしまうなど、ルールを守れない行動によって、孤立してしまうことがあります。そこから、人づきあいが苦手になり、抑《よく》うつ症状や不

ADHD（注意欠如・多動性障害）の主な特性

●**不注意**
- 集中力が続かない
- 外からの刺激で、容易に注意がそれる
- 忘れ物が目立つ、忘れっぽい

●**多動性**
- じっとしていられない
- すぐ自分の場所（席）から離れる
- 常に何かをしゃべり続けている

●**衝動性**
- 自分の欲求が抑えられない
- 思いついたら考えずに行動する

表2

LD（学習障害）の主な特性

全般的な知的発達には問題はないが、「読む」「聞く」「話す」「書く」「計算する」「推論する」といった能力のうち、特定の事柄の習得と使用がとりわけ難しい状態

表3

登校などの二次的な問題を引き起こす可能性もあります。

西里　ＡＤＨＤに限らず、その特徴を知っていれば、これらの行動は、「わざとやっている」という誤解にならず、「特性」として見ることができます。

●ＬＤ（学習障害）

遠藤　ＬＤは、全般的な知的発達に問題がないのに、「読む」「聞く」「話す」「書く」「計算する」などの能力のうち、特定の学習面で困難にある状態を指《さ》します（表3）。

荻野　書いた文字が鏡文字《かがみもじ》になっていたり、形体の似た「ツ」と「シ」の字の違いが理解できなかったり、計算の繰り上げ、繰り下げができなかったりと、表れ方はさまざまです。そんな子に対して、「努力不足」と決めつけ、無理な学習を強いることは、効果がないばかりか「努力しても報われない」という思いを植えつけることにつながり、意欲や自尊心を低下させることになりかねません。

西里　ＬＤについて理解のある教師や専門家などに相談しながら、その子に応じた教育を進めていくことが大事です。「自信」と「やる気」を引き出し、伸ばしていくことで、他の学習分野にも、いい影響を与えることもあります。

遠藤幸彦　えんどう・ゆきひこ

精神科医。創価大学教育学部教授。専門分野は精神分析学、思春期青年期精神医学。教育現場や公的相談機関などで、専門職を対象とした相談活動を行う。東京ドクター部副書記長。東京第3本部・総区ドクター部長。副本部長兼支部長。

荻野和雄　おぎの・かずお

児童精神科医。日本精神神経学会精神科専門医・指導医。みどりヶ丘病院児童思春期精神科勤務。子どものこころの発達や精神疾患を診療している。福井総県ドクター部。

西里美菜保　にしざと・みなほ

臨床心理士。公認心理士。博士（小児発達学）。研究機関で研究員をしながら、創価大学大学院教育学専攻で兼任講師として勤務。医療機関などで、保護者や子どもを対象に相談活動も行う。女子部区主任部長。

レッテル貼り

遠藤　発達障害に関する特性を理解する上で、気をつけたいことがあります。それは、「あの人は、この特性に当てはまるから発達障害だ」というような「レッテル貼り」です。

もちろん、予防的な意味で診断が有用であることもありますが、周囲の人たちが「あの人は発達障害だ」などと決めつけることは、良いこととは言えません。

特に、学校生活や就労、人間関係などに困難がなく、本人や家族の生活がうまくいっている場合には、わざわざ第三者が〝診断〟をつける必要などないと思います。

荻野　診断とは、レッテル貼りをするものではなく、あくまでも「困っている原因」を見つけ、有効な支援や方法を探すために行われるべきものなのです。

「治るのか？」

西里　よく発達障害は「治るのでしょうか？」と尋《たず》ねられます。

荻野　脳機能の発達に関係する障害ですので、手術や薬で完治を目指すものではありません。こう伝えると落胆《らくたん》される方もいますが、どこまでも特性を理解し、本人に合わせた支援をしていくことが最優先です。

遠藤　池田先生は、「南無妙法蓮華経は師子吼《ししく》の如《ごと》し・いかなる病《やまい》さはり《障》をなすべきや」（御書1124ページ）の御文《ごもん》を通し、「病苦に負けてしまうことが不幸なのです」「病魔の『挑戦《ちょうせん》』に対し、『応戦《おうせん》』していくのが、私たちの信心です」とつづられています。「治ること」に幸福の基準を置くのではなく、その人が「幸せ」を感じているか、笑顔でいるか。これは障害に関係なく、誰にとっても大切なことであり、その点を大事にしてほしいと思います。

西里　いまだ解明の途上にある発達障害だからこそ、希望を捨てない「信心の応戦」によって導き出される体験と視点が、多くの人の光明《こうみょう》になるのではないかと感じています。

安全地帯

荻野　発達障害の人が幸福に生きていくためには、制度を整《ととの》えることも大事ですが、それに加え、身近にいる人が特性を理解し、受け止め、決して孤立することのない「安全地帯」「心の居場所」を提供することが必要です。

西里　そうした土壌があってこそ、さまざまな支援が生きてきます。地域の結びつきが希薄化する時代にあって、創価学会の組織は、本人や、それを支える家族にとっても、安心できる貴重な心のよりどころになっています。

荻野　法華経に「三草二木《さんそうにもく》の譬《たと》え」があります。地上には、無数の草木があり、形も大きさも、成長の速度も千差万別です。しかし、太陽の光や雨は、全ての草木に分《わ》け隔《へだ》てなく降り注がれ、それぞれが自分らしく花を咲かせ、果実をみのらせます。

遠藤　その太陽の光や雨が仏法の慈愛《じあい》です。生命の次元で人間を見つめ、どんな個性も温《あたた》かく包み込んでいく。「自分をありのままに受け止めてくれるつながり」が、学会の世界にはあるのです。

「空気を読む」が生む圧力

荻野　日本では、ここ十数年のうちに、発達障害の人が急増したと言われています。

西里　文部科学省の調査（2012年）では、公立小中学校の通常学級に在籍する児童生徒のうち、発達障害の可能性がある子どもが6・5％に上ることが発表されています。

遠藤　発達障害者支援センターに寄せられた相談件数は、2016年度には7万4000件を超え、過去最多となりました。10年近くで4倍以上増えています。

荻野　「発達障害の人」が増えたという意見と、発達障害の認知度の高まりに伴《ともな》って、「発達障害と診断される人」が増えたという意見があり、医学的な結論は出ていませんが、両面があるように思います。

西里　診断がついたことで、今まで抱えていた生きづらさが解消されていくのであれば、それは喜ばしいことです。ただ一方で、相談件数や受診者が増えているという事実は、昔以上に、発達障害の方々にとって「生きづらい社会」になっているのではないかと危惧《きぐ》しています。

遠藤　今思えば、私の周りにも、昔から発達障害の特性が見られる人は、身近にいたものです。ですが、その人たちが見せる独特の特性を、その人らしい一面として自然に受け止め、温かな眼差《まなざ》しで暮らしを共にしていく連帯感がありました。社会も地域も、特性を個性として包んでいく余裕があったのでしょう。

荻野　時代の変化とともに、「空気を読む」「曖昧な表現（指示）を理解する」といったことが求められる仕事も増えてきました。そのため、職場で困難さを感じたり、能力や長所を発揮しづらかったりする発達障害の方も少なくありません。

遠藤　日本では、周りと「同じ」でないと居心地が悪いような空気があります。かつて「ＫＹ（空気が読めない）」という言葉が流行したこと自体、日本が抱える問題を象徴しているように思えてなりません。

「社会的障壁」の除去

西里　親御さんからの相談では、将来、子どもが社会の中で適応できるか、不安を吐露《とろ》される方も少なくありません。そうした時、ふと疑問に思うのが、発達障害の方が社会の枠組《わくぐ》みや基準に「合わせていく」という実情です。

荻野　「発達障害者支援法」でも、2016年5月の改正によって、ようやく「社会的障壁」の除去が盛り込まれるようになりました。社会の側からも、発達障害の方が抱える生きづらさを取り除いていけるよう啓発《けいはつ》を促《うなが》すものです。

遠藤　さまざまな支援のあり方を考える上では、今ある社会の枠組みや基準に寄せようとするのではなく、一人一人の違いが生かされるように環境を整備し、誰もが暮らしやすい多様性を尊重する社会を築いていくことが大切です。

西里　最近では、多くの人が利用しやすい製品や環境をデザインする「ユニバーサルデザイン」という考え方があります。例えば、ハサミも、今では左利《ひだりき》き用が普通に売られ、無理に利き手を変える必要はありません。少しずつですが、「誰もが」生活での困難を感じない環境づくりが進んできています。

ですが、特性が「見た目」では分かりづらく、理解されがたい発達障害への社会の対応は、まだまだ追いついていないように感じます。

知識の理解を超えて

荻野　「多様性を尊重する」と口で言うだけなら簡単ですが、本当の意味で「尊重する」のは、たやすいことではありません。
　例えば、飲食店などで、突然大きな声を出したり、動き回る子がいたりすると、いらだちを覚えたり、感情的になったりすることもあるでしょう。しかし、そこで少し立ち止まって考え、その家族の立場に立って、思いをめぐらすことが大切なのではないでしょうか。

西里　法令や教育の仕組み、施設の整備など、行政や企業によって進められるバリアフリーも大切ですが、それと同時に、周りの人の心や意識が変わっていかなければ、本当の意味での「環境」は整いません。

遠藤　池田先生は、2018年の「SGIの日」記念提言の中で、他者の置かれた境遇《きょうぐう》への理解を伴わない姿勢を「消極的な寛容《かんよう》」と論じられました。そして、消極的な寛容では、「共生といっても、同じ地域で暮らすことを受け入れるとか、法律やルールがあるからそれに従うといった、表層的なものだけに終わる恐れがあります」と指摘されています。

荻野　御書には「おのおのの当体《とうたい》を改めず、そのままの姿で無作三身《むさきんじん》（本来ありのままの仏）と開きあらわしていくのである」（784ジペー、通解）とあります。

人は、個々の特性を改めずとも、ありのままの姿で尊極《そんごく》の生命を輝かせていけるのです。であるならば、障害の有無や程度にかかわらず、そのありのままを包み込み、生命の次元で人間を等しく見つめる社会でなければなりません。

西里　そのためにも、多くの人が、発達障害のさまざまな特性を理解し、「ありのまま」の輝きを見つけ、引き出していく〝心のチャンネル〟を増やすことが大事です。本人や家族が抱える苦悩を感じ取り、自分に何ができるかを問い続ける中で、多様性を受け止めるチャンネルは増えていくのです。

こうした「積極的な寛容」によって、社会のあらゆる偏見は取り除かれていくのではないでしょうか。

心の叫びをくみ取る

遠藤　発達障害の方に対しては、表面上では見えない本人たちの〝心の叫び〟をくみ取っていくことが必要です。

荻野　仮にコミュニケーションが苦手な子がいるとします。その子の悩みの本質は、「友達ができないことでの孤独感」だったりします。ところが、それに気づけずにコミュニケーションの苦手意識を軽減《けいげん》したとしても、結局、友達ができなければ、〝悩みの刺《とげ》〟は刺《さ》さったままです。

西里　大切なことは、一人一人の苦しみを自分のことに置き換え、想像していくことではないでしょうか。

少し極端ですが、自分が、言語も文化も何も分からない国へ放り込まれたらどうでしょう。今までの常識が通じず、変に思われたり、周りが普通と思っていることが理解できなかったりすれば、心は疲れ、孤独感が募《つの》っていくことでしょう。

遠藤　池田先生は、社会的なマイノリティー（少数者）の人々の「生きづらさ」を助長《じょちょう》してきたのは、差別を受けたことのない多数派の〝無意識の壁〟であるとつづっています。多くの人が「無関係なもの」と受け止めがちな差別は、「社会的なマイノリティー（少数者）の立場に置かれてきた人々にとって、それは日常的に身に降りかかる現実」であるとも指摘されています。

西里　「生きづらさ」というのは、当事者でしか感じられないものかもしれません。だからといって、発達障害の本人や家族らが抱えている苦悩の現実を「関係ないもの」と捉えているようでは、いつになっても多様性は閉ざされたままです。

遠藤　「一切衆生《いっさいしゅじょう》の異《い》の苦《く》を受《う》くるは悉《ことごと》く是《こ》れ日蓮一人《にちれんいちにん》の苦なるべし」（御書758ページ）と御聖訓にあります。日蓮大聖人は、あらゆる人々の苦悩を自らの苦しみと受け止め、人々の苦しみが取り除かれることを願い、行動されてきました。

荻野　私たちは、苦しんでいる全ての人と、同じ苦しみに立つことは難しいかもしれません。しかし、少しでもその苦しみを知ろうとする努力を続け、分かち合おうと寄り添う姿に、真実の「同苦」の精神があり、そこから〝無意識の壁〟が破《やぶ》られていくのではないでしょうか。

「子を思う慈悲の如し」

遠藤　発達障害の方たちを取り巻く状況は、まだまだ改善の途上にあります。社会的障壁の除去といっても、その環境整備が追いついていない状況では、発達障害の本人や家族が、今の社会に順応《じゅんのう》していかなければならない現実もあります。

荻野　地域で支援をしている療育《りょういく》現場では、できるだけ親御さんと目標を共有し、関わりを通して、その子がもっている能力を発揮できるようにサポートしています。「できる」という自信を地道に積み上げ、自尊心を育《はぐく》んでいく中で、生活の困難さとなっていた特性の表れ方が、ゆっくりと形を変えていき、生きづらさが減っていくこともあります。

西里　御書では、「大悲《だいひ》とは母《はは》の子《こ》を思《おも》う慈悲《じひ》の如《ごと》し」（721ジペー）と、仏法の大慈悲を「わが子を思う母の慈悲」に譬えています。

療育は、何も公的機関や専門機関だけで行うものではありません。すでに、親御さんが、子どもと向き合う日々の中で、試行錯誤しながら導き出した関わりが、一番の療育となって、お子さんのためになっていることもあります。親は子どもにとっての一番の理解者であり、一番の〝専門家〟なのです。

個性の輝きを感じ取る

遠藤　とはいえ、親御さんの心労《しんろう》は想像以上のものです。発達障害について理解の乏《とぼ》しい社会の現実に加えて、わが国では、いまだに子育ての責任が母親に大きくのしかかっている実情があり、「母親の育て方が悪い」などと非難されることも少なからずあると感じています。

西里　時には、一番の理解者であってほしい身内から、厳しい言葉が投じられることもあります。

荻野　本当に、親御さんは、毎日毎日、一生懸命やっています。誰にほめられるわけでも、ねぎらわれるわけでもなく、押し寄せる不安や苦悩と戦いながら踏ん張っています。

遠藤　なかには、子どもの特性で「周りに迷惑をかけるから」と、外出を控える人もいます。学会の会合でも、「大きい音が苦手」「人混みが苦手」といった特性から、子ども連れでは参加しづらい現状に悩み、複雑な思いをため込んでいる人も少なくありません。

西里　周りの人たちは、普段の姿だけでは見えない親御さんの苦悩を見逃さず、日々の奮闘をねぎらうことが大切です。「頑張れ！」ではなく、「頑張ってるね」とたたえていくことです。

また、お子さんの個性の輝きを感じ取っていける一人一人でありたいと思います。それは、周りの人たち自身の変革が問われているということなのかもしれません。

荻野　そもそも、発達障害は脳機能の発達に関係する障害であり、手術や薬で完治を目指すものではありません。そうした理解もないまま、「必ず治る」と声を掛けるのは、「治らない＝不幸せ」と感じさせることになり、悩みをかえって深くさせてしまうことがあります。励ましの意味で伝えた言葉であったとしても、意図《いと》したことが伝わらなかったりします。

西里　法華経に「人々の苦難を抜き、無量無辺《むりょうむへん》の仏の智慧《ちえ》の楽しみを与える」（法華経173㌻、趣意）とあるように、「抜苦与楽《ばっくよらく》」に仏法の出発点があります。

池田先生は「抜苦与楽の精神こそ、個人指導の大目的である」「個人指導には、人を大事にする心、相手への深い思いやりが不可欠である。その心が、さまざまな気遣いとなり、配慮と励ましの言葉となって表れる」とつづられています。

遠藤　親御さんが抱えている心の叫びに、じっと耳を傾《かたむ》けるだけでも〝抜苦〟になり、生きる励みになることもあります。苦悩に寄り添い、友の幸せを祈り、それぞれが踏み出す一歩を後押ししていく――学会の同志による「抜苦与楽」の励ましの歩みには、全てのいのちに光を灯す、限りない希望が秘められているのです。

第1部　発達障害

第1章　特性を見つめて

「同調圧力《どうちょうあつりょく》」という言葉があるように、日本では暗黙《あんもく》のうちに「同じ」を求める傾向がある。周りと違うことが「誤り」であるかのように見られ、時には「和《わ》を乱《みだ》す人」となって、はぶかれてしまう。

「同じ」を無理強いされる偏《かたよ》った〝平等感〟が、社会の中で生きづらさの温床《おんしょう》となっている。

学習障害（LD）

太田きみえさん（仮名、47歳）が長男・だいすけ君（仮名、15歳）の学習面での不可解《ふかかい》さに気づいたのは、小学生の時だった。

漢字が読めない。掛《か》け算《ざん》ができない――きみえさんは当初、覚えが悪いだけかと思っていたが、学年が上がるにつれ、根本的に何かが違うように感じ始めた。

小学4年生の時、だいすけ君は、読み書きを困難とする「学習障害（LD）」と診断された。漢字は、振り仮名がないと読めず、アルファベットはさらに難解なものとなる。文章が読めないとなると、他の教科も理解が進まず、テストは散々な結果だった。

こうした特性を学校の教師に伝えるも、「みんなと同じようにできないと、将来困るのは、息子さんですよ」と。その言葉にまるめこまれ、自宅では無理やり机に向かわせ、覚えるまで勉強をさせ続けた。それが、「息子のためなんだ」と疑いもしなかった。

「自分の中で、障害＝負け、みたいな思いがあった。〝絶対、普通の子に育ててみせます〟と、それればかり祈ってました」

だが、強制すればするほど、息子は追い込まれていった。ある日、だいすけ君が言い放った。「おれが、どんなに学校に行くのしんどいか、分からんやろ」

「息子のためと思ってやってきたことが、パニックに追いやり、自信を失わせ、傷つけてしまっていた。罪の意識は消えません」（きみえさん）

＊

それからは、特性の凸凹《でこぼこ》の良い面を伸ばそうと決めた。学校の教師には、だいすけ君の特性を一つ一つ書き出し、配慮してほしいことを1枚の紙にまとめ、手渡した。

現在なら、障害者差別解消法（2016年施行）で明示された「合理的配慮」を要望できるが、法的義務がなかった当時は、特に教師の裁量《さいりょう》に委《ゆだ》ねる部分が大きかった。

「だいすけ君は、やればできる子だから」と、受け流す教師もいた。

そうした無責任な裁量に、戸惑いを覚える家庭は少なくない。

大阪大学大学院・連合小児発達学研究科の片山泰一教授は、子どもに学ぶ権利が行き渡っていない実情に警鐘を鳴らし、「理不尽な現実に、不信感を抱く子どもがいてもおかしくない」と語る。

きみえさんは、だいすけ君の特性に応じた形で、勉強に向き合うことにした。教科書の漢字に、振り仮名をふり、テスト前には、対策のための問題集を作るようにした。

学会活動で追いつかない時もあったが、必死に机に向かった。そんな母の心を感じ取ったのか、だいすけ君も自分なりに一歩一歩、学びの階段を上っていった。

＊

きみえさんは言う。「テスト前になると、今でも息子は苦しんでいます。読み書きができる人には、この大変さは、理解しがたいと思います。私自身も毎日が戦いです。普通って何なのか。幸福って何なのか。今までの自分の常識では、捉え切れないんです」と。

何より、将来を思うと、不安が際限《さいげん》なく膨《ふく》れ上がる。正しい進路の選択は何なのか。生きがいをもって働ける場所はあるのか。現実問題、将来への選択肢は少ない。

だから今は、ありのままの思いを祈りにぶつけ、自分が成長し、人間革命することで、開ける何かがあると信じ、学会活動にひた走る。

「〝人間は苦しみに甘《あま》んじなければならない〟という法律はない」――かつて池田大作先生が教えてくれたこの言葉を、きみえさんは自らの希望とし、現実の壁に立ち向かっている。

「認める」ハードル

発達障害は、早期発見による適切な支援が、2次障害の防止につながる。この早期発見には、親の気づきと、ありのままを受け入れる勇気が欠かせない。しかし、わが子の特性の偏りに、たとえ気づいていたとしても、何のためらいもなく現実を受け入れられる人はいない。親が最初に、子どもの「発達障害」の指摘を受けてから、受容《じゅよう》するまでには約3～4年を要するといわれている。親でなければ分からない「認める」ハードルの高さがある。

＊

「息子さんは、発達障害かもしれませんね」

小池たみ子さん（仮名、33歳）は、3歳児健診の時、保健師に告げられた言葉に、怒りをあらわにした。

「うちの子は普通です！」。そう言い放ち、保健センターを後にした。

だが、思い当たる節《ふし》がないわけではなかった。長女と違い、息子の心也君（仮名、9歳）には、育てにくさを感じていた。公共の場で、じっとしていられない。急に予定を変更するとパニックに陥《おちい》る。一人遊びが好きで、自分のおもちゃは絶対に人に渡さなかった。

「『あれ？』っていうのは、たくさんあったんです。でも、男の子だから激しいのかなって、不安をかき消す自分もいて。それに、『障害』という言葉も重たかった。何か苦しみを背負って生きていくように感じて」

日に日に育てにくさは増していった。ある時、甘やかしすぎが原因と考え、スパルタ的に厳しく接することにした。極度の偏食を改善させようと、嫌がるおかずも「全部食べなさい」と口へ運《はこ》ばせた。心也君が吐《は》き出すと、さらに怒鳴《どな》りつけ、無理やり食べさせた。

スパルタがうまくいかないと、次は叱らない教育に切り替えた。〝普通〟に育つことにこだわり、あらゆる手段を講じたが、育てにくさが変わることはなかった。

＊

たみ子さんに限らず、子どもの発達について指摘を受けた父母の多くは、「普通であってほしい」という思いにかられるものだ。だが、親が描《えが》いている〝普通〟を無理に押しつけられると、子どもは「自分への否定」と受け止め、心に深い傷を負ってしまう。

池田先生は、子育てに悩む母に次のように語っている。

「世間の風評や、他人の子の〝背丈《せたけ》〟に合わせるのではなく、むしろ自分の子どもが、どんなものに関心をもち、興味を抱くのかを注意深く見守り、そっと手を差し伸べることこそ、親の本当の役割と言えないだろうか」

他の子と比較し、社会の平均に歩み寄る必要はない。「個性の方向性を見抜き、成長への環境を整えてあげること」（池田先生）が、健やかな心を育《はぐく》んでいくのだろう。

たみ子さんが、子育てで途方に暮れていたある日、夫から、心也君を療育《りょういく》センターに連れて行こうと告げられた。

*

「苦しいのはママより、本人だよ」。夫の一言に、猛省《もうせい》した。「〝うちの子に限って〟っていう親のエゴを、心也に押しつけていただけだった」（たみ子さん）

発達検査の結果、心也君は、広汎性《こうはんせい》発達障害と診断された。

直後は、ショックで涙が止まらなかったという。それでも、「泣いていること自体、心也を否定しているような気がして、これからは障害までも愛そうと決めました」。

一度、受け止めてしまえば、特性の難しさにも、「心也らしさを感じられるようになった」という。

先行きが見えないと戸惑う心也君のため、
冷蔵庫に一日の流れを貼り出している

「下校の途中に靴《くつ》をなくして帰ってきたり（忘れっ

ぽさ）、運動会前に『僕、リレーの〝ふけつ（補欠）〟になりたい』って言ったり（言葉の遅れ）。もう読めないことだらけで。そんなことって普通ありますか？　うちは、いつも爆笑なんですよ」

　そうやって見える景色が変化してきた今だからこそ、たみ子さんは、自分と同じ轍《てつ》を、他の家庭には踏んでほしくないと切《せつ》に願う。

「子どものためなのか。自分のためなのか。そこさえ間違えなければ大丈夫」（たみ子さん）

「よ《善》からんは不思議《ふしぎ》わる《悪》からんは一定《いちじょう》とをもへ」（御書1190ページ）——全ての苦楽を祈りで包み、母もまた、息子に負けじと、確かな成長の歩みを進めている。

＊

　発達障害は、常々、「見た目」の分かりづらさが指摘される。一つ一つの行動や言動の意味を、特性の本質を、正しくつかまなければ、適切な対応を取ることができない。

　しかし、見えない脳の世界や、心の世界を理解することはたやすくない。「見えない」がゆえに、家庭や教育現場などで誤った判断を生んでしまうことになるのだ。

　池田先生は、心の世界について次のように語っている。

「『心』は見えない。見えないその『心』を察知《さっち》し、『心』の地図に精通《せいつう》していけるのが仏法です。仏法は、心の科学であり、心の医学と言ってよい」と。

「心の不思議」を説く仏法だからこそ可能な心へのアプローチがある。励ましの足跡《そくせき》を刻む〝心の地図〟を広げ、希望を届けていきたい。

体験

「変わった子」と見られ続け

山田正子さん（東京・小平市　地区副婦人部長）

〈２０１８年２月号〉

何かが違う。

山田正子《やまだまさこ》さんは、２歳になる次男・昇《のぼる》君との日常に、微妙な違和感を覚え始めた。

呼び掛けても反応が薄く、言葉が返ってこない。初めて会う人、初めての環境に過敏に反応し、泣きわめく。自転車での移動も、いつもと違う順路だとパニックに陥ってしまう。

長女、長男の時の育児と比べ、どこか違う難しさがあった。

乳幼児健診のたびに、担当医に違和感を伝えてきたが、「成長がゆっくりなのよ」と。「もう少し様子を見ようね」が、ずっと続いた。

曖昧が招く混乱

電車が大好きな昇君は、鉄道のおもちゃの一人遊びに熱中した。他の遊びには目もくれず、止めるまで遊び続けた。慣れない環境で起きるパニック症状も、電車だけは例外。電車内では、つぶらな瞳《ひとみ》をらんらんと輝かせた。

家庭の中では、自然と昇君の「得手《えて》」「不得手《ふえて》」に応じた日常の形がつくられていった。だが、幼稚園に入り、「周りに合わせる」という初めての環境では摩擦《まさつ》が生じた。

昇君には、曖昧な言葉が理解しにくい特性がある。「昼になったら外に集合」という言葉も、昼が「何時」なのか、外が「どこ」なのか、具体的な提示がなければ、混乱し、動けなくなってしまう。

しかし、当時はそうした特性が分からず、「なじめない子」「変わった子」と見られ続けた。

5歳になった頃、子どもの発達に詳しい知人から、昇君が見せる行動の不自然さを指摘され、専門科での診察を勧められた。

診察を受け、違和感の正体が判明した。「広汎性発達障害」。脳の機能障害だと聞かされた。

「ホッとしたのが正直な気持ち。どう接してあげればいいのか、その手がかりが分かった。取扱説明書をもらえたような思いでした」

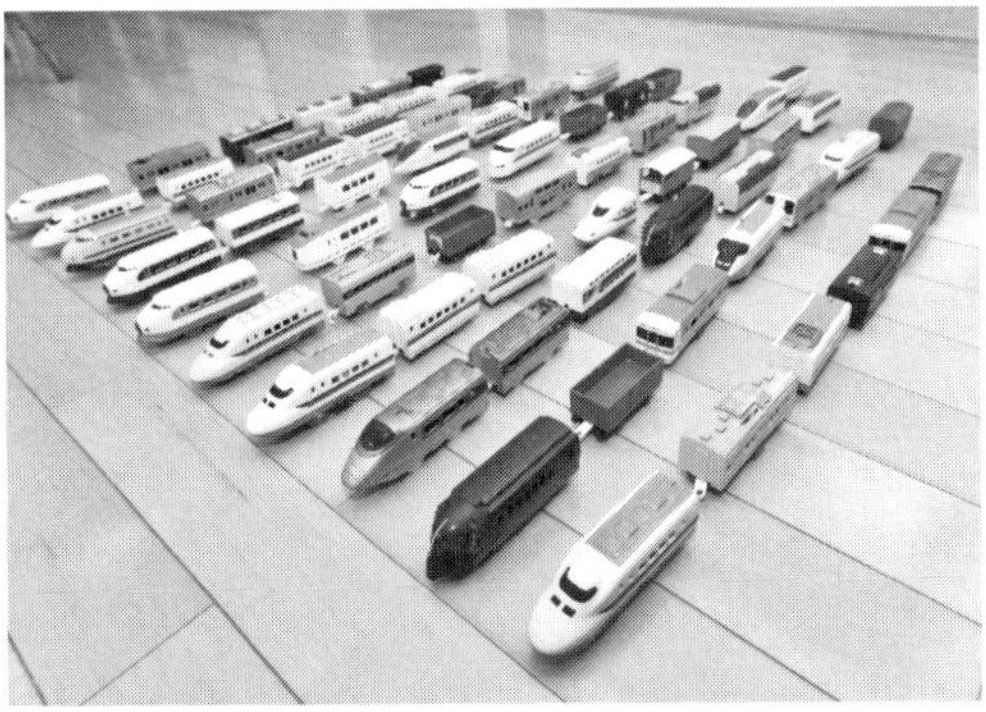

昇君が、幼い頃に一人遊びに熱中した鉄道のおもちゃ

「私の子育ては毎日1回、家族を笑わせること」と山田さん。
太陽の母が一家をにぎやかに温める

帰りの電車。息子の将来を思うと、急に胸が詰まった。声を殺して泣いた。涙の母をよそに、横では大好きな電車に揺られ、ご機嫌な息子。

「泣いていても、この子のためにはならないんだ」。無邪気《むじゃき》な息子の姿が、不思議と心の方角を変えてくれた。「泣く力があるなら、笑おう。一緒に笑って前に進むエネルギーに変えよう」。そう決めた。

「負けたらあかん」

昇君に見られる発達障害の特性には、コミュニケーションの苦手さ、言葉の遅れ、強いこだわりなどがある。協調運動も苦手で、ボール遊びや、なわとびが不得意だった。

小学校の進路は夫の育巨《なるたか》さん（本陣長〈ブロッ

ク長〉）と祈り、「昇に合わせた教育のペース」を第一に考え、前向きに支援学級を選択した。

昇君は、おとなしい性格ゆえ、はた目には〝お利口《りこう》さん〟に映《うつ》る。知能検査などの数値では知的障害も認められない。その「見た目」の分かりづらさゆえに、支援学級の選択を否定的に取る人もいた。

ある日、ママ友に「昇君、普通なのに、かわいそうじゃん」と言われ、ムキになって反論した。支援学級を「かわいそう」と見る社会の目も悲しかったが、「その人の境涯に引っ張られ、その場を笑って流せなかった自分が悲しかった」。

沈《しず》みそうな心を、いつもすくい上げてくれたのは、「仏子《ぶっし》が幸せにならないわけがない」という池田先生の言葉だった。そして、故郷の関西で刻みつけた言葉を、何度も何度も自分に言い聞かせた。「負けたらあかん」「負けたらあかん」……。

楽観主義の方向へ

昇君の「こだわり」は、時に、興味をもつものへの「集中力」「記憶力」となって、効力を発揮する。ポケットモンスターのゲームにハマった時には、擦《す》り切れるほど読んだ攻略本から多くの語彙《ごい》を学び、言葉の遅れを好転《こうてん》させた。夫婦は、一貫して前向きな声掛けを続けた。「○○だからできない」ではなく、「○○したらできるね」と。プラスの言葉を選択し続けると、それが自分と家族の癖《くせ》になっていった。「昇が、楽観主義の方向へ家族を導いてくれました」

自分に嘘をつけないまっすぐな心をもつ昇君。感受性が強く、人の涙には自分も心を痛める。ある時、正子さんが長女を叱ると、「さっちゃんがかわいそう。怒らないで」と、涙を流して訴えた。そのピュアな心に、何度も大事なことを気づかせてもらった。

そうした中、昇君は、特性に応じた教育環境がピッタリ合い、言葉や身体の能力も、ぐんと成長を見せた。幼少期に見られた自閉傾向や、強いこだわりも薄らいでいった。

言語指導に携《たずさ》わる言語聴覚士が告げた。「お母さん、いい子育ての選択をしましたね。昇君の表情が証明してますよ」。不安と向き合う日々の中で、その一言は温《あたた》かく、今も大きな励みになっている。

負けない哲学

今、昇君は中学2年。母の背丈を越え、168センチになった。近頃、動画サイトの「ユーチューバーが熱い」と言う息子に、正子さんは「何のことやらさっぱり」と笑う。一緒に外出しても、少し距離を置いて歩かれる。思春期の成長がうれしく、ちょっぴり寂しくもある。

いつからか、家では、夫・育巨さんと昇君とで、一対一の教学の勉強会が行われるようにな

笑顔が弾む山田家。仲の良いだんらんが日常を楽しく彩る
（右から、長女・幸さん、正子さん、次女・詩さん、昇君、育巨さん、長男・歩君）

った。

将来、息子が、社会の中で生きづらさを感じ、心を痛めることがあるかもしれない。そんな試練の時に、絶対に負けない人生哲学を生命に染《し》み込ませておきたい――多くを語らぬ夫の祈りが込められていた。

「昇には、昇にしか開けない未来がある」。自分の歩幅《ほはば》で、自分らしく進めばいい。その生き方が、いつか必ず誰かの「希望」になる。

優しい光をたたえる母の瞳には、息子の確かな未来が映っている。

第2章　増え続ける生きづらさ

誰と出会い、誰と関わるか。その縁《えん》によって人生は変わる。特に学齢期《がくれいき》における関わりは、成長過程の心に大きな影響を及《およ》ぼす。

過去の常識や経験則では測《はか》れない、子どもたちの多様性や変化を、どう受け止めるのか。社会が、大人が、変わるべき時が来ている。

教師の無理解

「私の後悔《こうかい》は、娘を自分の手で支援してあげられなかったこと」

そんなメールが編集部に寄せられたのは2018年2月。送り主の安住《あずみ》ヒロコさん（仮名、52歳）と連絡を取り、小さな田舎町へと取材に向かった。

安住さんの次女・ミドリさん（仮名、15歳）は、幼い頃から特定のものに強い興味をもつ子だった。

アニメのDVDを観ていると、何度も停止しては同じシーンをひたすら見返す。出掛ける際には、どこへ行くにもクマのぬいぐるみを手離さなかった。

小学5年生の時、ミドリさんは、ASD（自閉症スペクトラム障害）と診断された。担任の教師らの手厚《てあつ》い支援に助けられ、「いつもみんなの輪《わ》の中心にミドリをいさせてくれ、自信がつくようにしてくれた」と、ヒロコさんは感謝を語る。

だが、中学校の話に及ぶと一転、ヒロコさんは表情を曇らせた。

「特別支援教室の担当についた女性の先生が、発達障害について全く理解がなかったんです」

要望を伝えても取り合ってもらえず、ミドリさんを感情的に怒り、精神的に追い込んでいった。

「先生なんか嫌い」――ミドリさんが発する心の叫びにも、担任の教師は、「お子さんがこんなひどい発言をしてますよ」と告げてきた。いつからか、ミドリさんは担任とすれ違うたびに、人の背中で身を隠すようになった。ヒロコさんが状況の改善を校長に掛け合うも、対応が変わることはなかった。

*

そうした中で、ミドリさんは精神のバランスを崩《くず》し、怒りのコントロールがきかなくなっていった。

下校し、家に入った途端《とたん》に豹変《ひょうへん》。カバンを投げ飛ばし、「てめぇ!」と母親のヒロコさんに暴力を振るった。その場を離れる母を、後ろから追いかけ、跳《と》び蹴《げ》りをくらわせることも。家の壁は穴だらけ。窓ガラスも割れ、冷蔵庫も拳《こぶし》で殴《なぐ》り、へこませるほど、ミドリさんは感情を抑制できなくなっていた。

「私の体に、あざがない日はありませんでした。娘が刃物《はもの》を振りかざすこともあって、殺す

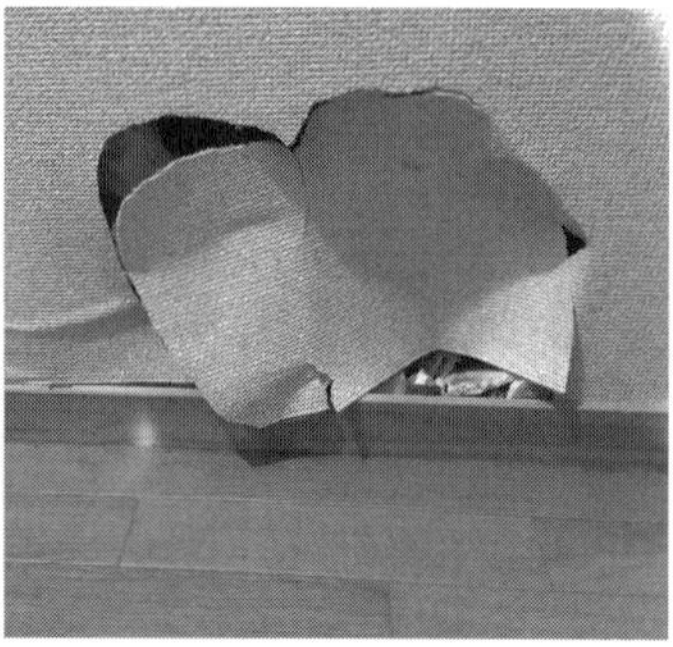

怒りの抑制がきかなくなったミドリさんによって、損傷した室内の様子。広範囲の穴が目立つ障子（左）。足で蹴った跡だろうか、廊下の壁がめりこんでいた（右）

か、殺されるかのような毎日。二人で車に乗ってる時、『このまま死ねば楽になるのかな』と脳裏《のうり》をよぎりました」

このように、人との関わりの中で適切な対応が受けられないことによって、強いストレスや孤独を感じ、「2次障害」を引き起こしてしまうケースは少なくない。

大阪大学大学院・連合小児発達学研究科の片山泰一教授は、「初めから、暴力を振るう子はいない。『暴れる』という行為にはそれなりの理由があり、自分の心を守るためにやっている」と指摘。不適切な環境で心が破壊されるくらいなら、「学校に行かない方がましと言う。

＊

ミドリさんは、入院治療を経て、この春から親元を離れ、支援施設に入所した。今では2次障害の症状も落ち着きを見せ、心の平穏《へいおん》を取り戻しつつある。一方で、ヒロコさんは、自責《じせき》の念《ねん》に駆《か》られていた。「自分で何とかしたいという親のエゴが、娘をあんな風に苦しめてしまったんじゃないのか」と。

今すぐ、娘と一緒に暮らしたいという思いと、再び暴力を振るわれるのではないのかという恐怖が、今も交錯《こうさく》しているのが現実だ。

それでも、「親子で成長し、この悩みを必ず意味のあるものにして、同じ悩みで苦しんでいる方の力になりたい」と、ヒロコさんは御本尊に深い祈りを捧げている。

御書には、「譬《たと》えば鳥《とり》の卵《たまご》の内《うち》より卵《たまご》をつつく時《とき》・母《はは》又《また》同《おな》じくつつきあくるに・同《おな》じき所《ところ》をつつきあくるが如《ごと》し、是《こ》れ即《すなわ》ち念慮《ねんりょ》の感応《かんのう》する故《ゆえ》なり」（８１０ジペー）と仰せである。

わが子を慈しむ親の愛情と、成長しようとする子どもの生命の息吹は深く響き合っている。子育てに正解はないといわれる。わが子のための最善の道を模索する中では、常に葛藤《かっとう》が伴《ともな》い、思い通りにいかない時もあるに違いない。

池田大作先生は語っている。

「子育てに『やり直し』はきかないが、お母さんが、今をどう生きているかが大事です。後ろ向きにならず、前向きに、未来に向かって進んでいくことです」

女性の発達障害

文部科学省の調査では、発達障害と推定される児童・生徒は、男子9・3%、女子3・6%という推定値が出ている。

男女では特性の表れ方にも差があり、ADHD（注意欠如・多動性障害）の女子の場合などでは、衝動性が少なく、攻撃的な傾向が控《ひか》えめで、気づかれにくいという指摘もある。

大久保まゆみさん（仮名、48歳）も、娘のアキナさん（仮名、22歳）について、幼い頃から子育てに手を焼くことはなかったと振り返る。それどころか、中学生の時には、毎日5時間の自習を欠かさず、勉強熱心な優等生だった。

ところが、年齢を重ねるにつれて、時折、不可解さを覚える出来事が表れ始めた。

社会見学に必要な交通費1750円を求められ、まゆみさんが2000円を渡そうとすると、アキナさんは、「1750円ちょうどじゃないとダメ」と譲らなかった。

高校受験の前に、仲の良かった友達の志望校を尋《たず》ねると、「知らない。別に興味ないし」と。まゆみさんは違和感を抱《いだ》いたものの、「今どきの子は、こういうものなのかな」と、その場をやり過ごした。

高校生になると、アキナさんは体の不調を訴《うった》えるようになり、毎日、腹痛、吐き気、食欲不振に陥《おちい》った。さらに学校では、友達から無視され、そのショックから引きこもるように。高校2年の秋に中退した。

精神科や思春期外来では、適応障害、うつ病と診断されるものの、薬を飲んでも、アキナさんの精神状態は安定しなかった。

原因を探しあぐねる中、発達障害専門のクリニックにたどり着き、アキナさんはアスペルガー症候群と診断された。2次障害として、うつ病、睡眠障害も併発《へいはつ》していることも分かった。19歳の秋だった。

＊

診断がついたことで、まゆみさんは、ここ数年の娘の多くの不可解な行動に合点《がてん》がいった。決められたルールへのこだわりが強く、校則の「下校時の寄り道は禁止」を忠実《ちゅうじつ》に守り、友達の誘いに乗ることもなかった。毎日の自習も、担任の教師から、「1日5時間の勉強」を推《すい》奨《しょう》され、〝ルール〟として取り組んでいたのだった。

何より、学校での女子同士の人間関係で、つまずくことが多かった。

一緒にトイレに行った後、一人で教室に戻ると、「なんで待ってないの?」と非難された。女子同士の暗黙《あんもく》のルールが理解しがたく、距離を置かれるようになっていった。

一般的に、女子の場合は、思春期に差し掛かると、同性の仲の良いグループができ、ガール

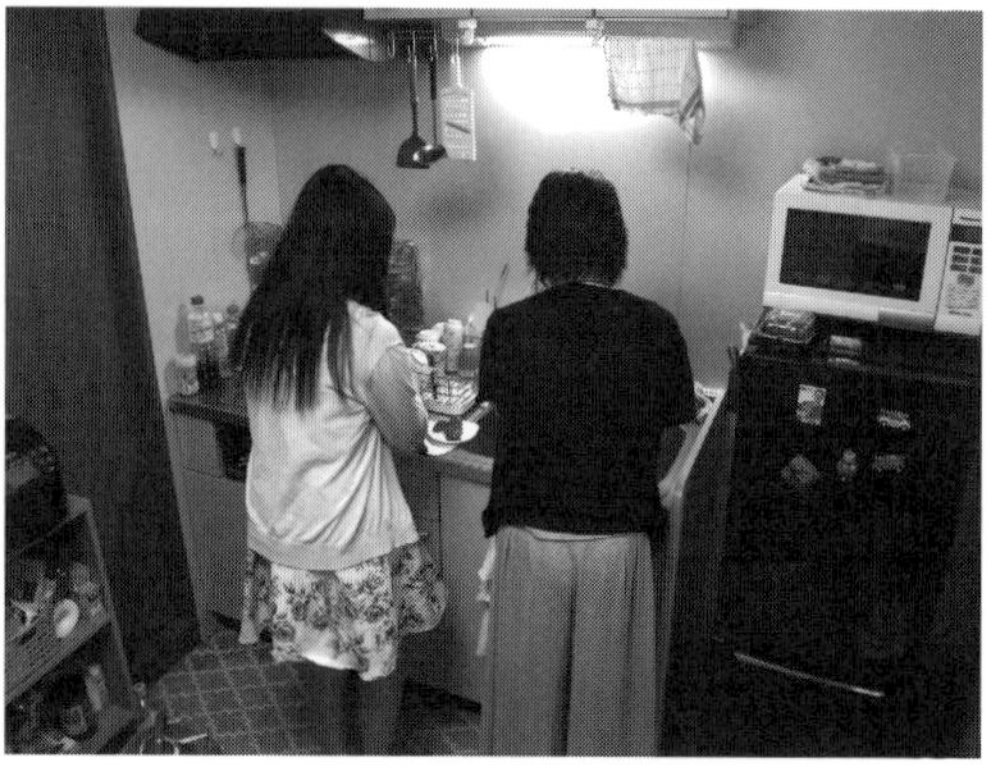

まもなく23歳を迎えるアキナさん（左）。
娘の自立に向け、時折、まゆみさんが手料理を教えている

ズトークが盛《さか》んに行われるようになる。しかし、特性のある女の子は、曖昧な表現や冗談が苦手なことから、ガールズトークについていけず、次第に敬遠《けいえん》され、孤立感《こどくかん》や劣等感《れっとうかん》を抱いてしまうことが少なくない（『女性の発達障害――ＡＳＤ（アスペルガー症候群）、ＡＤＨＤ、ＬＤ』宮尾益知監修、河出書房新社）。

さらに、女性が気を付けるべきこととして、小児科専門医の平岩幹男《ひらいわみきお》氏は、著書（『自閉症スペクトラム障害――療育と対応を考える』岩波新書）の中で次のように述べている。「女性の場合に一番恐れられるのは性被害です。甘い言葉を真に受けて性感染症を移《うつ》された例や、レイプされそうになった例」もある。

ある日、まゆみさんは娘に、「男の人に休憩に行こうと誘われたらどうする？」と聞いた。文字通り言葉を受け取ってしまうアキナさんは、「休憩だからお茶でも行くんでしょ」と答えた。

「ゾッとしました。でもこの段階で男性の下心《したごころ》を説明し、娘を性被害から守ることができまし

た。今まで無事でいてくれたことに胸を撫《な》で下ろしました」（まゆみさん）

＊

まゆみさんは、今年（２０１８年）からアスペルガー症候群の子どもをもつ「親の会」に参加するようになった。いざ参加してみると、集《つど》いは重々しい空気に包まれ、子どもの将来を悲観《ひかん》し、諦めている保護者らの姿があった。

「学会の集いの場合は、同志の皆さんが、いつも私たち家族を励まし、娘の将来に期待を寄せてくれる。落ち込んでいても、生きる希望を吹き込んでくれる居場所です」（まゆみさん）

高校中退の自分に劣等感をもち、自信を喪失《そうしつ》していたアキナさんも、婦人部の同志からの「アキナちゃん自身が尊《とうと》い存在なんだよ。もっと自分を大切にしてあげて」との励ましが前を向くきっかけとなった。

今では、「生き生きとしている同世代の女性に負けたくない」と、女子部の活動に駆け、題目に、対話に挑戦し、自らの手で希望をつかもうと前進している。

「この信仰をしている限り、自分に限界を決めたくない。社会貢献できる人生を歩みたい。普通の女の子として生きたい」（アキナさん）

その姿が、すでに輝く女性としての実証を物語っている。

体験

理解されないアンバランス

鈴木佳子さん（北海道・札幌市　白ゆり長）

〈2018年3月号〉

中学1年生の鈴木開渡《すずきかいと》君が、パソコンとにらみ合い、試行錯誤をめぐらしている。「一つ間違ったら全部ダメになっちゃうんですよ」。自作の小型ロボットを自動で動かすため、プログラミングに修正を加えているという。

「案外、単純なところに落とし穴があったりして……」。冷静に課題解決を探《さぐ》るその姿からは、皆目見当《かいもくけんとう》もつかないが、開渡君には〝発達のアンバランス〟がある。

昨年の心理検査では、全検査IQ（知能指数）が132を示し、「『高いから非常に高い』範囲内にある」と報告された。この数値の高さも相《あい》まって、開渡君が抱える困難は理解されにくい。

頭を下げ続け

「なんか、あやしいな」。母・佳子さん（白ゆり長）が開渡君に違和感を覚えたのは、幼少期の

白銀の大地に和楽の絆が輝く。右から佳子さん、開渡君、夫・秀雄さん

公園での出来事だった。遊んでいる〝自分の空間〟に他の子が入ってくると、急に激高《げきこう》して、砂を投げつけた。

家でも、ペットボトルのふたを開けるのが好きで、他の人がふたを開けてしまうと、この世の終わりかと思うほど激しく泣きわめいた。

保健師から「気にしすぎですよ」と言われたが、幼少期特有の執着《しゅうちゃく》やわがままとは、「明らかに度合《どあ》いが違ったんです」。

幼稚園で疑いが確信に変わる。

クラスメートからの手紙に、「開渡君が、みんなと仲良くできますように」と書かれていた。詳しく尋ねてみると、集団行動になじめていないことが分かった。

頭に浮かんだことを大声で発してしまう特性ゆえ、外出時は、いつもハラハラした。

「ちゃんと、しつけておけ！」。叱責《しっせき》されるたびに頭を下げ続けてきた。「開渡のことを分かってあげられるのは私しかいない」。そう思えば、頭を下げるくらい、痛くもかゆくもなかった。ただ、息子のことで信心の姿勢を指摘された時は胸がえぐられた。その夜、御本尊に思いをぶつけた。「みんなには理解されないけど、開渡にも良いところがあるんです。使命のある子ですよね？　そうですよね？」。涙が止まらなかった。

「僕はもう疲れました」

暗澹《あんたん》たる日々の中で、救いだったのは、理解を示してくれる担任の先生がいたことだ。幼稚園では、ほめる中で自己肯定感を伸ばし、小学1年生の時には、「ごほうび帳」を作って、達成感の中で衝動を抑えられるように導いていってくれた。

逆に、担任との相性が合わなければ、拒絶反応が顕著《けんちょ》に表れた。

小学2年生の時だった。学校から帰宅した開渡君が、寝室でタオルケットをかぶり、「僕はもう疲れました」と大粒《おおつぶ》の涙をこぼした。

担任との摩擦《まさつ》により、自尊心が傷つき、過度のストレスで聴覚過敏も悪化。日常の雑音が鼓膜を揺らし、頭の中をかき乱していた。

「僕は、もう誰の声を聞けばいいのか分からない。これを治す病院に連れていってください」

病院での診察の結果、ＡＤＨＤ（注意欠如・多動性障害）の診断が下《くだ》り、薬物療法が必要となった。

「でも、診断のおかげで、息子の苦しみを、ちゃんと学校に知ってもらえるようになった。ようやく土俵に立てた感じでした」

しかし、診断名がついても、教員の理解がなければ、結局、同じ苦悩が開渡君にのしかかる。

ある日、開渡君が告げた。「教室の前には壁がある」。登校への一歩が徐々に重くなり、小学3年生の時、不登校になった。

優しい眼差し

息子の苦しみを思うと、ひどく胸が軋《きし》んだ。「八《やっ》のかぜにをかされぬを賢人《けんじん》と申《もう》すなり」（御書1151ジペー）の御文を、何度も何度も自分に言い聞かせ、祈り続けた。

悲しさ。悔しさ。怒り。全ての感情を吐き出し、心の淀《よど》みが抜けていくと、不思議と苦悩の意味を信心で捉えようと思えた。

「息子に降りかかる苦悩は、いずれ社会に出た時、ぶつかるかもしれない問題。今だったら家族で一緒に乗り越えていける」。夫・秀雄さん（地区部長）と共に、一切の試練を成長への「善

「昔は見た目重視でしたけど、今は性能が大事かな」。
開渡君の〝ロボット熱〟は高まり続けている

知識」に変えようと祈っていった。

苦しみの中だからこそ感じることができる温もりもあった。

〝全ての子どもに使命がある〟と言い切ってくれる池田先生の指導に、何度も涙を拭《ぬぐ》った。発達障害の子をもつ同志とは、苦悩を分かち合うだけで心が救われた。

地区の同志は、ずっと優しい眼差《まなざ》しで息子を包んでくれ、どんな小さな活躍でも「すごいね」と喜んでくれた。開渡君にとって、組織は、自分を理解し、応援してくれる心の安全地帯だった。それは今も変わらない。

特性が強みに

何より、開渡君が一番輝ける居場所はロボット教室だった。

幼少期、映画の影響でスイッチの入った〝ロボット熱〟は、加熱し続け、「ロボット博士になること」を将来の夢に描くようになった。

ロボット教室のスタッフが「開渡は自分のこだわりを出すのが上手だね」とほめてくれた。特性のこだわりが強みとなって生かされ、才能の芽は、ぐんぐん伸びていった。

小学5年生の時には、教室主催のロボット競技大会で全国大会に出場。自信と探究心を深めた開渡君は、中学校の進路でも、ロボット部がある私立校を受験することに。塾の教諭は、他校への進学を勧めたが、開渡君は譲らなかった。

「融通《ゆうずう》のきかない子だから、一度決めたら貫き通すんです」。ここでも特性がプラスの方向に働き、受験勉強を後押し。そして、2017年の春、晴れて志望校の門をくぐった。

今は、念願のロボット部に入り、「世の中になかったものを生み出したい」と、夢への一歩を踏み出している。そんな頼もしい、わが子を見ていると、今まで流した涙にも、全て意味があったと思える。

生まれた時、〝人生を自分の力で切り開き、世の中を渡っていけるように〟と願い、付けた開渡君の名前。今、息子は、自ら開いたその道を、一歩一歩、自分らしく歩いている。

第3章 「支える」とは何か？

発達障害と向き合う上で、本人や家族をサポートする存在は欠かせない。今日《こんにち》、社会には、行政の支援機関に加え、放課後等デイサービスやNPO団体など、さまざまな支援の形が増えている。「支える」とは何か。支える側に何が求められるのか。支援の現場を取材した。

ケース1　子どもを支える（大阪市東住吉区）

晩春《ばんしゅん》の風が薫《かお》る4月下旬（2018年）。

大阪市東住吉区にある児童発達支援・放課後等デイサービス（以下「放課後デイ」）を訪ねた。入り口の自動ドアがピクリとも反応せず立ち往生《おうじょう》していると、代表の北田《きただ》かおるさんが、手動でドアを開け、「子どもたちが飛び出さへんように、自動ドア止めてるんです」と迎えてくれた。

思いついたら衝動的に行動してしまう――そんな発達障害の特性の一面から、突然、道路に飛び出してしまう子も多く、ドア一つにしても留意《りゅうい》が必要となる。

放課後デイには、施設からの迎車《げいしゃ》が可能な区域の小・中学生10人が在籍。下校時間に合わせ、放課後デイのスタッフらが、それぞれの学校まで迎えに行く。

午後2時過ぎ。「ただいまー」と、ランドセルを背負った子どもたちが到着。荷物を下《お》ろすと、それぞれが今日の予定を確認する。

スタッフが、毎日、一人一人に合わせて手書きで作るスケジュール帳。「れんらくちょうを出す」「てあらい　うがい」「しゅくだいをする」などの項目に、子どもたちがチェックを入れていく。

特性の一つである「見通しが立たない」ことによって生じる不安を考慮《こうりょ》し、分かりやすく予定を見える形にし、安心して放課後デイで過ごせるようにしている。

概念にない世界

一人の男の子が、すっと隣にやってきた。「僕と会うの初めてかな？　内林《うちばやし》コハク（仮名、10歳）です。呼び捨てでえーよ」と、人懐《ひとなつ》っこく自己紹介してくれた。

そのやり取りの様子を見ていた北田さんが言う。「今のこの子らを見とったら、以前の様子は想像つかへんと思いますよ」

通い始めの時は、誰もが何かしらの特性に苦しんでいたという。不登校になり、孤独を抱えていた子もいる。コハク君も、当初は、部屋の片隅《かたすみ》に身を置き、人と目を合わせることもなかったそうだ。

奇声《きせい》を発する子、脱走《だっそう》する子、物や人に当たる子……それぞれが小さな胸に抱え込んだ思いを、それぞれの形で訴《うった》えていた。

北田さんの長女で、放課後デイの責任者をしている児童指導員の小竹真莉奈《こたけまりな》さんに話を聞いた。

「子どもたちの感情表現はそれぞれです。SOSを言葉で伝えられず、泣いたり、怒ったり、自分の頭をたたいたり、みんな自分なりの方法で意思表示をしています。一つ一つのしぐさや行動の奥にある〝心の声〟を正しく理解し、受け止めてあげられているか。自問自答しながらの日々です」

小竹さんは、これまで児童指導員として、子どもたちの独特な特性を見てきた。

人が怒っている声に過敏に反応し、パニックを起こす子。特定の色に不快感を示す子。モノクロの世界の中で生きている子。絵を描きながら、その世界に入り込んでしまうケース（例えば、恐竜に追いかけられる絵で、自分も息を切らしてしまう）もあった。

自分の概念にない世界で生きている子どもたちを前に、「マニュアルは作りようがない」と語る。

「何で苦しんでいるのかが一向に見えず、発言の意味を理解するのも難解な時もあります。だからこそ、子どもたちは、周囲の理解を得られず苦しんできました。でも、その原因がはっきりし、向き合い方が分かれば、子どもは劇的にいい方向へと進みます。そのためにも、あらゆる可能性を省《はぶ》くことなく、どれだけ時間がかかっても必ず解決していく。していける。そう思っています」

進級の春を迎え

夕刻になり、子どもたちの様子に変化が見られ始めた。表情が曇《くも》り始め、人に当たり出す子、床をたたきつける子、暴言を吐《は》く子……進級の春を迎え、クラス替えなどによって慣れない環境に置かれ、心身の疲れがドッと表れているのだという。

そんな子どもたちの高ぶった気持ちをスタッフが落ち着かせながら、「どうしたん？」「どうしたい？」と、そばで寄り添う。

「これでも、今日は平和な日ですよ」とスタッフが笑う。気持ちが不安定になり、胸の内を表現できず、暴れ出すような時は、取っ組み合いにもなり、時には、つばを吐きかけられることもあるという。

「さすがに、そんな時はスタッフも怒ってますよ」と小竹さん。「ただ、その子にとっては、そういう時が一番苦しい時なんじゃないかな、と思います」

スタッフにも葛藤《かっとう》がある。

一人一人が異なる特性ゆえに、一つの成功例があったとしても、他の子にも同じような対応が通じるわけではない。「果たして今の対応で良かったのか」――と。

だからこそ、毎朝、ミーティングを行い、率直《そっちょく》に意見を交《か》わし合っていると、小竹さんはいう。

「子どもたちへの対応で、気になった点があれば、お互い言いづらいことでも、ちゃんと伝え合うようにしてます。たとえその場の雰囲気が重たくなったとしても、『子どもたちのため』が最優先なんで」

そして、不調だった子でも、必ず「ほめポイント」を見つけ、良かった面を報告し合う。そうした意識の積み重ねの中で、子どもたちの特性の強みがよく見えるようになり、掛けてあげる「ほめ言葉」も具体的になり、自己肯定感を高めていけるのだという。

納得するまで

放課後デイに通う子どもの保護者はどう感じているのか。亀梨圭子《かめなしけいこ》さん（仮名）に話を聞いた。

息子のヨシキ君（仮名、9歳）は、幼少期から、じっとしていることがなかった。家でも、ふと目を離したすきに外に出てしまう。知らない人の車に乗っていることもあった。

スタッフによる毎朝のミーティング。
子どもたちの「ほめポイント」について会話が弾む

アニメを見ても、おもちゃを与えても表情を変えない。「この子には感情があるのか」。そんな思いに駆られたこともあったという。

後にASD（自閉症スペクトラム障害）の診断が下り、放課後デイに通うようになった。

どこに行っても怒られてばかりだったヨシキ君だが、「ここの放課後デイでは、注意するだけで終わらず、なぜその行為がダメだったのか、本人が理解し、納得するまで向き合ってくれています」。

ある日、学校で、算数の掛《か》け算《ざん》をめぐってこんなことがあった。プリントの紙面上ではスラスラ、問題が解ける。しかし、九九の暗唱《あんしょう》となると、どうしても、つまずいてしまう。それを学校では「わざと」と見られてしまった。

放課後デイのスタッフに相談すると、視覚的な支援が有効的であることを学校に助言してくれた。教員が、九九のカードを使い、目に見える形にしたことで、スラスラと答えることができたという。

他にも、「ヨシキが、学校の先生にも、親の私にも話してくれないことを、スタッフの方が引き出してくれたりして、助けられてます」と。そうした中で、母親の圭子さんも、ヨシキ君を叱ることが減り、「すごいやん！」とほめる言葉が、格段《かくだん》に増えていった。

何より、放課後デイに通い出してから、「感動して泣いたり、喜んだり、感情表現が豊かになった。息子の世界を広げてくれた場所です」と、圭子さんは感謝を口にする。

見えない特性

放課後デイで過ごす安心感の中で、顕著《けんちょ》だった特性が薄《うす》らいでいく子どもたち。しかし、北田さんには懸念《けねん》もある。「見える形の特性が減っていくと、周囲からは、より理解されづらくなる」と。

発達障害には「見た目」の分かりづらさがあるといわれる。親や家族は、同じ時間を過ごす中で、その特性の複雑さを感じていても、その子の断面しか知らない人には、「普通」と見えてしまうことが多い。

発達のアンバランスから「できること」「できないこと」の差が極端な場合もあり、「できる」という一面だけでその子を見てしまうと、「できないこと」＝「本人の努力不足」「親のしつけの問題」などと誤解されてしまうのだ。

「見た目や先入観にとらわれては、子どもたちの本当の輝きは見えてこない」と語る北田さん。それゆえ、生命を見つめる仏法の視点が、いつも支援のヒントになっているという。

御書に「さくら《桜》はをもしろき物《もの》・木《き》の中《なか》よりさきいづ」（1492ﾍﾟｰｼﾞ）との一節がある。仏法では、まだ表面では見えなくとも、生命の奥にある〝輝き〟を心で見つめる。

冬空に立つ裸木《はだかぎ》の桜に、春の彩《いろど》りを、生命の美しさを感じることができるか――。

見えない輝きに寄り添う一人でありたい。

ケース2 家族を支える（福岡・北九州市）

「お母さんは、何でも乗り越えられるスーパーヒーローではない」――かつて、子育てに悩むある母親から聞いた言葉である。

発達障害の見えにくい特性ゆえ、周囲からの理解が得られず、苦悩の闇《やみ》をさまよう母親も多い。

誰かに聞いてほしい。助けてほしい――そんなお母さんたちの「心の助け舟」として、支援・相談にのっているのが、福岡県北九州市の黒田美奈子《くろだみなこ》さんだ。「発達障がいと向き合う家族を支える『すまいるの会』」の代表を務めている。

２０１８年４月末日、母親らの要望を受け、黒田さん主催の「みなこテラス」が開かれると聞き、現地に飛んだ。

心を守る〝自守行動〟

この日のテーマは、「楽しく向き合う子育て脳の作り方」。９人の参加者が自己紹介をし、わが子の近況を語ったあと、黒田さんがミニ講座を行っていく。

「みなさんは、どうやってストレスを発散しますか?」。黒田さんの投げ掛けに、「睡眠」「食べる」など、それぞれの回答が返ってくる。

「じゃあ、そのストレス発散を、急に制止されたらどう思います?」。わが子への対応に思い当たる節《ふし》があったのか、母親たちの表情に驚きの色が浮かぶ。

大人同様、子どものストレス発散の方法もそれぞれ。叫んだり、走り回ったり、物に当たったりする子もいる。「一見《いっけん》、不可解《ふかかい》に思える行動も、ストレスから心を守るための〝自守行動〟であると知れば、その行動が、ＳＯＳのサインであることが分かりますよね」

黒田さんの一言一言に深くうなずきながら、メモを取る参加者。

質問も次々とあふれ出て、わが子のことを語りながら、これまでの苦悩がこみ上げ、涙を流す人もいた。

送り出す勇気

ミニ講座の後、黒田さんに相談を持ち掛ける人がいた。

喜田《きだ》ナツコさん（仮名）。コミュニケーションを苦手とする小学3年生の娘が、「学校に行きたくない」と言い出した。怠《なま》け心《ごころ》か、それとも他に深い理由があるのか。判断がつかないという。

「難しいところよねー」と黒田さん。原因が特性に関連している場合もあるが、子どもも知恵を働かせながら、「行かなくていいよ」と言ってくれる理由を探していることもある。子どもたちの特性と向き合う際には、そうした「見極《みきわ》め」が求められる場面が多いそうだ。

過保護になりすぎて、成長の芽《め》を摘《つ》んでしまうこともある。「時には、送り出す勇気も必要だからね」と。母親の選択を肯定しながらも、いろいろな可能性を伝えていく。

「自分の判断が間違ってるんじゃないかって不安で……」と吐露《とろ》する喜田さんに、「お母さんの判断に間違いはないよ。うまくいかない時は修正すればいいけん」と、黒田さんが優しく声を掛ける。

「そこまで考えてくれているお母さんがいる。それだけでお子さんは幸せよ」。そんな言葉に、喜田さんの表情がすっと和《やわ》らいだ。

黒田さん自身も、わが子の発達障害と向き合ってきた当事者だ。だからこそ、一人一人に響く言葉があるのだろう。

命の意味

黒田さんの長男・大喜《だいき》君（18歳）が、広汎性《こうはんせい》発達障害と診断されたのは6歳の時。今でこそ、アルバイトにも通《かよ》い、充実の高校生活を送っているが、特性が理解されず、苦しんだこともあった。

小学校入学時は、学校や地域の発達障害への認識も低く、特別支援学級もなかった。大喜君が、心を落ち着けるために教室をウロウロしていると授業妨害ととられ、パニックからの自己防衛のため、友達に手を出した時には暴力的と断定された。

「問題児」「きもい」――心ない言葉に傷ついた息子を、何度も泣きながら抱き締めた。

忘れられない出来事がある。

近しい人に、大喜君の一つ一つの行動を怪訝《けげん》な顔で尋《たず》ねられたことがあった。黒田さん自身、まだ発達障害との向き合い方に戸惑《とまど》っていた時期。なぜか申し訳ないような思いで返答してしまっていた。

その日の帰り、車の後部座席から大喜君がボソッとつぶやいた。「僕は、生まれてこない方が良かったのかもしれないね」。今でも、その言葉を思い出すと、胸が張《は》り裂《さ》けそうになるという。

「自分の命に意味を感じないなんて、どれほどつらかったことか」。そんな思いをさせてしまった自分が情けなく、悔しかった。

「同じような思いを誰にもさせたくない」と、黒田さんは支援学級の新設に立ち上がった。PTAの活動にも率先《そっせん》しながら、紆余曲折《うよきょくせつ》を経て3年越しで開設することができた。

ハンディを抱えた子どもたちが伸び伸びと通学できるようになり、大喜君自身も、恵《めぐ》まれた環境の中で、少しずつ自信をつけ、中学校からは通常学級に進むようになった。

卒業後も、保護者同士が交流を重ねられるようにと、「発達障がいと向き合う家族を支える『すまいるの会』」を発足。

知人からの要請《ようせい》を受け、放課後等デイサービスの指導員として、子どもたちの支援にも関わるなど、これまで、さまざまな形で発達障害と向き合ってきた。

揺らぐ現実

十数年にわたり、保護者らの相談にのってきた黒田さん。じっくり耳を傾け、あらゆるケースを伝えながら、子どもとのベストな向き合い方を一緒に探《さぐ》ってきた。

子どもへのアプローチが、ピタリとハマることもあれば、逆効果の時もある。「１００％の正解はない」。母親の話で解決の道筋《みちすじ》が見えてこない際は、家庭での様子もふくめ、子どもの行動やしぐさを子細《しさい》に観察し、母親以外の家族らにもサポートの協力を呼び掛けている。

黒田さんは、さまざまな家族と接してきた中で、「認める」という壁の高さを感じている。「他の子とどこか違う。誰かに相談したい。そう思う半面、『認めたくない』という気持ちもある。その思いは、私も痛いほど分かります。

難しいことかもしれませんが、まずは、ありのままを受け入れる勇気をもつこと。子どもの可能性を信じて希望をもつこと。そうすれば、子どもの将来のために、今、何をすべきなのかが少しずつ見えてくるように思います」

とはいえ、誰もがすぐに心を切り替えられるわけではない。「そうしたくても、できないんです」と言う親や家族の悲痛な叫びもある。さまざまな葛藤の中で、全てを受け止める決心をしたつもりでも、心が揺らいでしまう現実がある。

「お母さんたちは毎日、戦っています。どんなにつらくても、『わが子のため』と思えば何だってする。すでに十分すぎるほど頑張っています」と、黒田さんは力説する。

社会の理解や、発達障害者支援法などの改正が徐々に進んできたとはいえ、発達障害の人を取り巻く状況は今なお厳しい。まだまだ支援が行き届いていない現状の中で、親や家族にまでサポートの手が行き渡ることは、さらに少ない。

池田大作先生は、子育ての支援について、「行政などの取り組みも必要不可欠」と述べつつ、それ以上に重要なことは、「地域社会の中に、ともに子どもを守り、若い母親を励まそうとする、人間のネットワークがあるかどうか」と語っている。

支援とは、特定の「誰か」に任せるものではない。社会や地域の輪《わ》に連《つら》なる一員として、「誰もが」果たすべきものであり、意識をもてば、できる支援の形はいくらでもある。

「私のような支援活動が不要になる温《あたた》かい社会になってほしい」――黒田さんが残した言葉が、いつまでも胸に響いていた。

障害に対する考え方に、社会が障壁《しょうへき》をつくっているとする「社会モデル」がある。社会の側が変わるべきであり、誰もが不自由なく暮らせる社会をつくるべきだと。筆者自身もそう考えてきた。

しかし、「社会が変わるのを待っているうちに、子どもはどんどん成長する。悠長《ゆうちょう》なことは言ってられない」と、黒田さんは指摘する。

今の社会にどう順応《じゅんのう》できるか。そのために今、何をなすべきなのか。理想論だけでは生きていけない現実の中で、家族らは日々、発達障害と向き合っているのだ。

取材した北田さん、黒田さんが、同じことを案じていた。「ここに足を運べる人は、まだ大丈夫。ここに来られずにいる人たちが気掛《きが》かりです」と。

両者が言う「ここに来られずにいる人」は、私たちのすぐそばにいることもある。

「ちょっとの支援、ちょっとの理解で救われることも多い」とは、取材の中で聞いた保護者の声。家族や教員、専門家でない人であっても、生きる力になり、支えとなることができる――深く心に刻み、支援の絆《きずな》の輪を広げていきたい。

体験

もしも願いが叶うなら

山口　歩さん（奈良・生駒市　地区副婦人部長）

〈2018年6月号〉

山口《やまぐち》歩《あゆみ》さんには、長男・真生《まお》君（17歳）と、次男・悠生《ゆう》君（14歳）の二人の息子がいる。二人は、知的な遅れを伴《ともな》う、ASD（自閉症スペクトラム障害）と診断されている。

山口さんは、息子たちと向き合い、奮闘してきた日々を、小・中・高校や大学をはじめ、各所で講演してきた。その数は、80回を超える。

ユーモアを交《まじ》えながら、笑いと涙に包まれる講演。「堅苦《かたくる》しいのは嫌でしょ？　どうせやったら、明るく楽しく伝えたい。ちょっと変わった私たち家族ですけど、〝笑ってもらってなんぼ〟です！」

聴講者から、「発達障害への認識が一変した」「おもしろくて泣けた」などの声が、多数寄せられる。ここでは山口さんの講演内容の一部を、お届けします。

わが家には、夫と私、そして二人の息子がいます。休日はいつも一緒に過ごす、仲良し家族

各地で講演を行っている山口さん。「発達障害のお子さんをもつ保護者に向けて講演した時、『帰ったらまず、息子を抱き締めます』と言ってもらえた時は本当にうれしかったです」と

ですが、少し違うのは、日々の暮らしの中で、ちょっとした工夫を必要とするユニークな息子たちがいることです。

長男・真生は、おとなしい受動型の〝ザ・自《じ》閉《へい》ちゃん〟。コミュニケーション能力が低く、「あれ取ってきて!」とか、「そこを、こう行って」、なんて言葉は通用しません。「そこのリモコン取ってー」と伝えても、リモコンを手にしたまま、動けません。だって、「リモコンを取って、お母さんに持ってきて」とは、伝えてないわけですから。

一方、次男・悠生は、こだわり強めの〝癒《い》やし系・自閉ちゃん〟。アンパンマンが大好きで、心の中は、愛と勇気にあふれています。小さな子が怒られていると、すかさず「大丈夫かい?」と声を掛《か》けに行きます。今はまだいいけれど、大人になった時が心配。子どもにいきなり声を掛けるなんて、完全に「アウトー！」ですよね（笑い）。でも、とっても純粋《じゅんすい》な、ピュアボーイなんです。

そんなこんなで、同じ自閉症といっても、タイプの違う息子たちと、毎日、楽しく過ごしています。

長男が自閉症と診断されたのは、3歳の時でした。当時、自閉症について全く知識のなかった私は、彼の特性が理解できず、振り回されてばかりでした。

真生は〝いつもと同じ〟にこだわります。いつもと同じ道、いつもと同じ店……。自転車の後ろに乗せて走っていても、急に行き先を変えると、足で私を蹴《け》り出します。何度、蹴られたことでしょう（笑い）。

私は、徹底的に自閉症について学び、真生が暮らしやすい方法を夢中で探しました。耳で聞くより、目で見た方が伝わりやすいと知れば、行き先の写真を見せたり、イラスト入りの予定表を書いたカードを作ったり。そうする中でパニックも少なくなり、蹴られることも減りました。

ようやく、真生と向き合えるようになった頃のこと。次男・悠生も自閉症であることが分かりました。

さすがにショックは大きかった。二人の息子をちゃんと育てていけるのか……と。

息子たちは、公園に行っても、同年代の子と関わることができません。周りの子たちは離れていってしまいます。友達と遊べないなら、公園に行っても……そんな思いもあったのですが、二人が楽しめるならと、人の少ない早朝の公園に行くように。すると、ブルーシートのテントにお住まいの〝おっちゃんたち〟から熱い歓迎《かんげい》を。パンをまいて、鳩《はと》を集めてくれるんです。これには、二人とも大喜び。

でもいまだに、悲しいこともたくさんあります。スーパーマーケットなど、人混みで、他人の足を踏《ふ》んでしまう息子。悪気《わるぎ》はないのですが、声に出して謝《あやま》ることができません。踏まれた方は激怒。事情を話すと、「かわいそうに。そんな子、連れて回るな！」と心ない言葉を浴《あ》びせられたことは、一度や二度ではありません。

この子たちの子育てが大変なのは確かです。けれど、〝かわいそうじゃない！〟。何度、心の中で叫んできたことでしょう。

健常者《けんじょうしゃ》と比べると、すんなりできないことが多いかもしれません。でもそれは、かわいそうなことではありません。その分、できた時の喜びは何倍にもなるんです！

「友達と手をつなげた」「電車に静かに乗れた」……こんなささいな出来事が、わが家にとっては、ビッグニュース。うれしい記念日が、少しずつ増えていきました。

幼い頃から絵を描くのが得意な真生。好きな動物などを想像力豊かに、カラフルに描きま

大好きな家族と一緒に（右から山口さん、次男・悠生君、長男・真生君、夫・幸人さん）

す。これまで何度も展示会を開き、多くの方に見てもらいました。悠生は最近、習字に夢中。二人の作品を組み合わせて、ポストカードにしています。これからも、二人がやりたいことを存《ぞん》分《ぶん》にできるよう、支えてあげたい。

今、もし願いが叶《かな》うとしたら、皆さんは、何をお願いしますか。昔の私だったら、〝息子たちの自閉症を治してください〟と、お願いしていたことでしょう。けれど今なら、こう願います。〝自閉症のままでも楽しく愉快《ゆかい》に生きていける世界にしてください〟と。

真生らしく、悠生らしく、ありのまま、伸びやかに生きてほしい。誰もが尊重《そんちょう》し合い、補《おぎな》い合って、共に幸せに生きていける社会にしたい。それが、私の夢です。

わが家の子育て奮闘記は、まだまだ続きま

す。大好きな家族4人で笑って、泣いて、また、笑い合いながら、新しいページに家族の成長の証しを残していきたいと思います。

発達障害のことを知ってくださる人が増えることを願って、これからもどんどん、しゃべり続けます！


山口さんは苦悩するたびに、御本尊の前に座った。折れそうになる心を祈りでねじ伏せ、〝今日は泣いても、明日には、明るく元気な私でいよう。笑顔の母でいたい！〟と前を向いてきた。

夫・幸人《ゆきひと》さんは、次男の発達障害が分かった時、「こうなったら自閉症のプロになるしかないなー」と、明るく声を掛けてくれた。その一言にどれほど救われたか。幸人さんへの感謝は尽きない。

山口さんにとって、大きな原点がある。

それは、創立者である池田先生が出席された、創価女子短期大学第2回卒業式の謝恩会での出来事。参加者が笑顔になれるようにと、卒業生代表で山口さんがアトラクションを行った。池田先生ご夫妻は優しい眼差《まなざ》しで全てを見守っていた。

舞台を後にしようとしたその時、先生から声を掛けられた。

「人を喜ばせることができる人間は少ないんだよ。その気持ちを忘れてはいけないよ」と。その言葉があったから、どんな時も楽しく、笑顔を忘れず、日々の暮らしに希望を見いだしてくることができた。

「先生から、〝自分自身の生き方を通して、人に勇気と希望を送っていきなさい〟と教えてもらったんです」

だからこそ、どんな悩みや苦しい出来事に直面しても、山口さんは笑《え》みを絶《た》やさない。

「人生、笑ってなんぼ！」と。

第2部　大人の発達障害

第1章　特性に応じた環境調整

発達期の子どもの問題として注目されてきた発達障害が、近年、「大人の問題」としても、急速に認知《にんち》され始めている。

全国の発達障害者支援センターに寄せられた19歳以上の相談件数は、10年余りで10倍近くにはね上がっているという。

学生生活までは、環境に順応《じゅんのう》していた特性が、就労《しゅうろう》をきっかけに高度な社会性やコミュニケーション能力を要求され、何らかの問題となって顕在化する例が少なくない。

職場で生まれる誤解

坂田伸夫《さかたのぶお》さん（仮名、30歳）は、大学卒業後、住宅営業の職に就《つ》いた。学生時代までは大過《たいか》なく過ごしてきたが、就労した途端《とたん》に、社会のルールについていけない自分がいることを知った。

毎朝のように遅刻を繰り返しては上司に叱《しか》られ、商談相手との待ち合わせでも、決まって4、5分の遅れを出してしまっていた。

坂田さんは、注意の配分が苦手な面があり、気になったものに過剰《かじょう》に集中してしまうことがある。予定に間に合うように準備していたとしても、ふと流れていたテレビに没頭《ぼっとう》してしまい、時間が過ぎてしまっていることが少なくない。

不注意からの忘れ物も多く、最大の失態《しったい》は、「お客さまに披露《ひろう》するプレゼンの資料を忘れたこと」。連日、深夜までパソコンに向かい、顧客のことを考えて練《ね》りに練ったプレゼンだった。カバンを何度確認しても資料は入っておらず、顔面蒼白《がんめんそうはく》になりながら平謝《ひらあやま》りするしかなかった。

社会人の発達障害について、精神科医の岩波明氏は、「本人の能力と仕事におけるパフォーマンスが、アンバランスに見えることが多い」（『発達障害』文藝春秋）と指摘する。そのため、「能力はあるにもかかわらず、『信頼できない』『あてにできない』と否定的に評価されやすい」（『大人のＡＤＨＤ――もっとも身近な発達障害』筑摩書房）のだ。

坂田さんの場合も、営業成績はずば抜けていた分、繰り返す失態が本人の「いい加減さ」「不真面目さ」と捉《とら》えられ、職場では白い目で見られるようになってしまった。

そうした時、坂田さんは、職場の上司から発達障害の可能性を指摘され、専門外来へ。２０１５年の９月、ＡＤＨＤ（注意欠如・多動性障害）と診断された。

＊

坂田さんは、学会活動の中でも、苦《にが》い思いを経験してきた。座談会の司会を忘れたり、創価班の着任日がすっぽ抜けていたりしたこともあった。「甘え」「油断」――指導される一言一言を受け止め、深く反省するものの、また同じことが起きてしまう。「おれはダメな人間なんだ」

と自分を責めてばかりいた。

そんな時、「悪気はないんだよな」と声を掛けてくれたのは、男子部の部長だった。徹底的にＡＤＨＤのことを調べ、特性を理解してくれていた。何かトラブルが起きた時には、怒る前提ではなく、理由をじっくり聞き、どうしていけばトラブルが回避《かいひ》できるかを一緒に考えてくれた。

「いろいろ理解してくれた上で、叱ってくれる時は叱ってくれて。そうやって守ってくれる人がいたから、自信を喪失《そうしつ》することなく、やってこられたんだと思います」

＊

２０１７年の秋、坂田さんは自分の特性に合った職場環境を探して、転職をした。薬の効果もあり、マイナス面の特性が表れにくくなり、今は、個人事業主に近い形で自分のペースで仕事を進め、業績も好調を維持している。

私生活でも、２年前に結婚してからは、驚くほどに生活の乱れが改善された。妻のサポートを受け、朝の遅刻もなくなり、携帯電話のアプリを使い夫婦のスケジュールを共有することで、予定を失念《しつねん》することもなくなった。「妻にはずいぶんストレスをかけてしまっていますが、本当に助けられています」

何より、坂田さんは、「信心があるからこそ、ＡＤＨＤを前向きに捉えられる」と言う。

発達障害は、脳機能のアンバランスさから、「できること」と「できないこと」が極端な場合が多い。

坂田さんは、信心に励む中で「『できること』はぐんぐん伸び、『できないこと』は、いろんな形でカバーされてきた実感がある」と言う。だからこそ、信心根本の挑戦にこだわり、今もヤング男子部の責任者として奮起《ふんき》している。

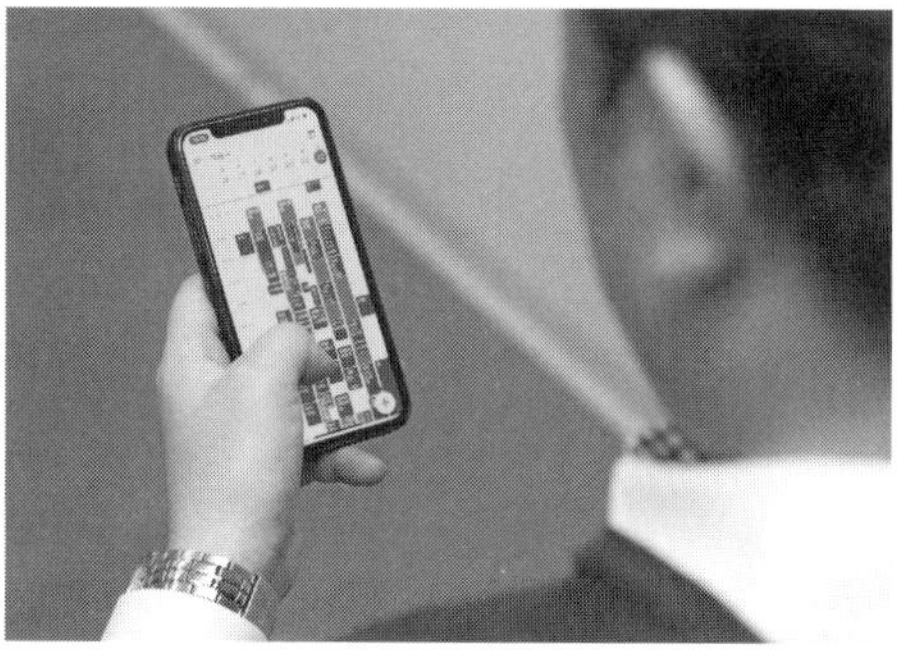

忘れっぽい一面がある坂田さんは、大切な予定を失念しないように、一日に何度も、スマートフォンのスケジュール帳を確認する

「今の社会では、ＡＤＨＤは『弱み』として見られているのが現実ですけど、僕の姿を通して『強み』になることを示していきたいし、そういう世の中に変えていきたい」

子育てのＳＯＳ

〈ＡＤＨＤの親が、ＡＤＨＤの子どもを育てるためには、どうすればいいんでしょうか〉

編集部宛てに、赤裸々《せきらら》な苦悩の便《たよ》りを寄せてくれた副《そえ》島《じま》知《とも》代《よ》さん（仮名、39歳）に会いに行ったのは、昨年（２０１８年）の夏だった。

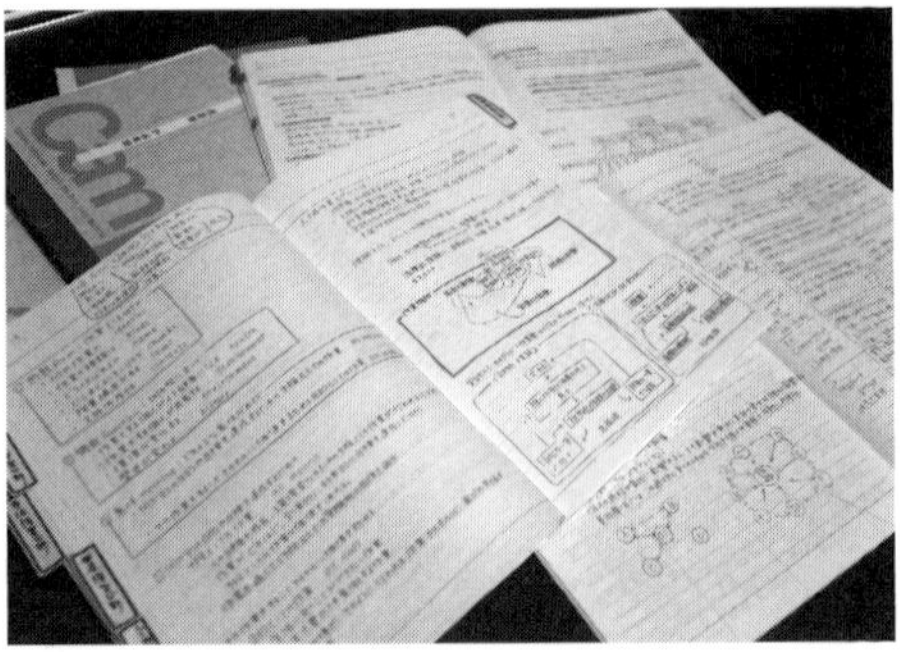

興味のあるものに対しては、飛び抜けた集中力を見せる副島さん。好きな医学の分野の勉強では、その特性がいかんなく発揮された

かつて、知代さんが専業主婦として家事・子育てに励んでいた頃には、生活に支障をきたすようなことはなかったという。ところが、離婚を機《き》に環境が変化したことで、知代さんの特性が目立ち始めた。

幼い3人の子を育てるためにパートで働き始めるも、両立が苦手な面があるため、意識が仕事に偏《かたよ》り、家庭が見えなくなる。「子どもがインフルエンザの時ですら仕事を休めない自分がいた」と言う。

仕事に過集中《かしゅうちゅう》してしまう特性もあり、終業するとドッと疲れがあふれ出て、家事や子育てがおろそかになってしまう。近くに住んでいた母親にSOSを出し、食事や洗濯、掃除、さらに子どもたちの部活動の送り迎えもふくめ、生活全般の面倒をみてもらうようになった。

だが、特性はネガティブな面ばかりではなく、プラスの方向に働くこともあった。

9年前、生活の安定のため、作業療法士の国家資格を取得しようと、働きながら専門学校へ通い始めた。興味のあった医療分野で過集中が生かされ、「何時間、勉強しても楽しかったし、休みの日も図書館にこもっていた」。専門学校では総合成績で首席《しゅせき》となり、卓越《たくえつ》した成果を収めたことで「県知事賞」にも輝いた。

＊

知代さんが作業療法士になる前年（２０１２年）の秋に、長男・こうすけ君（仮名、12歳）のＡＤＨＤが判明した。その特性の多くが、知代さん自身にも当てはまり、診断を受けに行くと自らもＡＤＨＤであることが分かった。

これまで、同世代の母親と同じようにできない自分を責め、周りからも非難されてきた分、診断が出た時は救われる思いだったという。しかし、診断がついたからといって自らの特性が消えるわけではない。

知代さんは毎朝の決まりとして、同じ時間、同じルートで職場へ出勤する。子どもたちの登校を見届ける前に出発してしまうため、母親からは「もう少し遅くできないの？」と言われるが、決まった流れを崩すとパニックになってしまう。

「世間的には、母親失格と映《うつ》るかもしれませんが、自分のスタイルを崩《くず》さないことで、今まで心を保《たも》ってこられた」と、知代さんは語る。

＊

手探《てさぐ》りの中、知代さんは、自分なりの特性との付き合い方を見つけてきたが、その一方で、長男・こうすけ君のこととなると戸惑いが生じるという。

買い物に行くと、あれもこれもと、ほしい物をねだる。知代さん自身も、衝動性から突然、医学書やマンガを大量に購入してしまうことも少なくない。その気持ちが分かるからこそ、望むがままに買い与えてしまうことがある。

なかでも、知代さんが憂慮《ゆうりょ》していたのが、こうすけ君のゲームへの過度《かど》な依存《いそん》だった。使用時間を決めても守れず、食事もそっちのけで没頭《ぼっとう》していた。それでも、「どこかで許してしまう自分がいる」と、知代さんは思い悩んでいた。

それから半年ほどが過ぎたこの冬、再び、知代さんと連絡を取ったところ、さまざま状況が変わっていた。知代さんは、かねてよりお付き合いをしていた男性と再婚し、新たな生活をスタートさせていた。

家庭では、夫の視点が加わったことで、こうすけ君の状態を俯瞰的《ふかんてき》に捉え、判断できるようになったという。夫の勧《すす》めを受け、専門医にかかったところ、こうすけ君はゲーム依存症で入院治療することになった。早期の対応により、日に日に快方《かいほう》へと向かっている。

何より驚いたのは、知代さんが、これまで母親に託《たく》し切っていた家事を、今は夫婦で分担し、母親に依存しない生活への移行が始まっていたことだ。炊事《すいじ》、弁当作りなどを、知代さんが担い、自分ができる範囲で家事と仕事の「両立の形」を模索していた。

「こうすけも必死に自分と戦っている。私も私自身と戦って、一緒に成長していきたいから」〈ADHDの親が、ADHDの子どもを育てるためには〉――今も、その答えは出ていないが、自らの歩んだ足跡《そくせき》が、必ずや「未来《みらい》までの・物語《ものがたり》」(御書1086ジペー)となることを信じ、知代さんは挑戦の一歩を踏み出していた。

＊

御書には、「夫《そ》れ木《き》をうえ候《そうろう》には大風《おおかぜ》吹《ふ》き候《そうら》へどもつよきすけ《強扶介》をかひぬれば・たうれず」(1468ジペー)との一節がある。

植えた木は、強い添え木の施《ほどこ》しがあれば大風にも倒れることはない。しかし、このことを道理では分かっていても、実際、苦悩の風が吹きつける中で、「添え木」の存在となって支えていくのは容易ではない。

前半に登場した坂田さんを支えてきた男子部の部長の行動は、まさに「つよきすけ」(支え)のあり方を体現していた。単なる優しさだけではなく、真剣に特性への理解を深め、生きづらさを軽減する方法を具体的に考え、一緒に希望をつくりだしていく。そこには、きれいごとではない本当の意味での「理解」や「支え」があった。

池田大作先生は、つづっている。

「一つの事柄から、何を感じ取るか。人の苦悩に対して想像力を広げることから、『同苦』は始まるのである。配慮とは、人を思いやる想像力の結晶といえよう」

果たして、自分自身は苦悩する目の前の一人のことを、本当の意味で理解し、いのちを守る「添え木」となれているだろうか――自らを静かに見つめることから、支援の一歩が始まるのかもしれない。

体験

「働く」ということ

中山大輔さん（神奈川・横浜市　ニュー・リーダー）

〈2019年2月号〉

クラスの中で、中山《なかやま》大輔《だいすけ》さん（ニュー・リーダー）は少し浮いた存在だった。小学校の時は教室でじっと座っていられず、中高では約束ごとを忘れることも多かった。心が成長するにつれ、大輔さんは、「やらかしちゃってる自分」と、周りの人との違いを、うっすらと感じ始めるようになった。

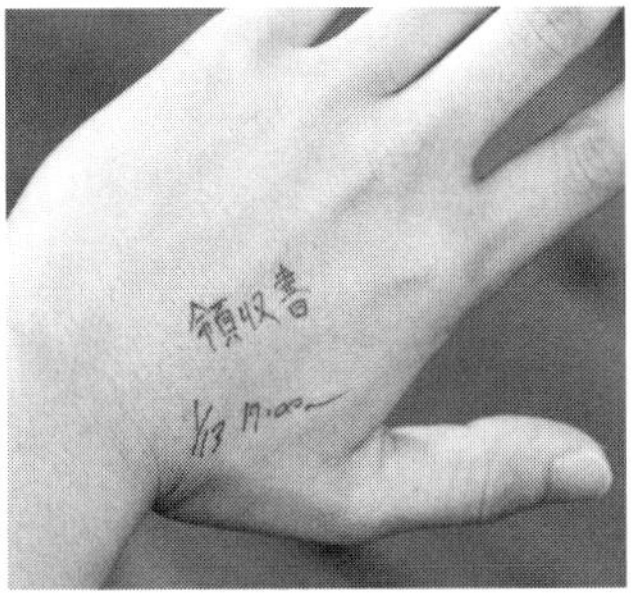

仕事での「忘れっぽさ」を回避するため、中山さんは折々に、自らの手にメモを書き留めている

小学校の時は、ほんとイスに座ってるのがつらかった。授業中に、お尻がムズムズしてきて、我慢《がまん》できずに教室をよく飛び出してた。

高校の部活の時には、よりによって一番恐れられている先輩の頼みごとを忘れてしまったことがあった。「お前、あれどうなった?」って聞かれた瞬間、「あー、終わった」

と思った。でも、その先輩、僕にあきれてしまって、「もういいわ」って。あれは、まじで助かった。

昔から、いろんな場面で、やらかしちゃってるんだけど、「全くしょうがねぇやつだな」って、いつも周りが助けてくれた。いい人たちに恵《めぐ》まれてたんだと思う。

高3の時だったか、お母さんから、僕が発達障害だと知らされた。人との違いは薄々感じてたから、「あー、そうなんだ」って感じだった。

バイトの苦痛

大輔さんが、社会の中の生きづらさを肌で感じたのは、大学進学前に始めたドラッグストアのアルバイトだった。主に品出しを行うのがバイトの役割。「それぐらい、当然できるもの」と思っていた。しかし、「それが難しかった……」。

いかに早く、効率よく品出《しなだ》しができるかを求められた。でも集中力が全然続かなくて、途中から意識が寝ているような感覚だった。

だから、他の人より後れをとってしまったり、消費期限の順に並べたはずの商品が、めちゃくちゃな陳列《ちんれつ》になってたり。ちゃんと並べたはずなのに、なんでそうなったのかが謎すぎて、

子どもたちとの〝お絵描き〟タイム。純真な心に触れ、
中山さん（左端）から笑みがこぼれる

パニックになった。

同じことを繰り返さないよう反省するのに、またやらかしてしまう。そのうち、「君がいると仕事の効率が下がるんだよねー」って煙《けむ》たがる人もでてきて、バイトに行くのが苦痛になった。

でも、このバイトすらできなかったら、僕の生きていける場所は、もうどこにもないような気がして、必死で耐え続けた。

仕事のトラブル

発達障害の人は、それぞれの特性による得《え》手《て》・不得手《ふえて》が、仕事の面でも極端に表れ、不得意な分野ではトラブルが起きやすいという。そのため、「苦手な作業を減らしたり、部署を変えてもらい得意な業務に集中できるような環境を整えたりする」（『オトナの発達障害大図解　ＡＳＤとＡＤＨＤの基礎知識から社会復帰の方法まで』藤田潔・古川修・森脇正詞共著、幻冬舎）視点が必要とされる。

「環境から逃げる」のではなく、「環境を調整する」という捉え方へのシフトチェンジが、本人にとっても、周囲にとっても大切になる。

当時、大輔さんはそのことが分からず、「できない自分」を責めてばかりいた。しかし、大学生の時に行った就業体験や文化祭が、自分を知る大きな機会となった。

障害者のリハビリ施設で就業体験をさせてもらった時、利用者の人が「アー、アー」と何かを指《ゆび》さしていた。職員の人が、「この子はお気に入りの色を見つけて喜んでいるんです」って教えてくれた。

最初は、不可解《ふかかい》に思えた行動にもちゃんと意味があって、利用者の方の喜びの瞬間を共有できて、自然とあったかい気持ちになれた。もしかしたら、僕はこの業界に向いてるんじゃないかなーって感じた。

実際、アルバイトをしてみると、利用者さんと触れ合う毎日がすごく楽しかった。吐《と》しゃ物《ぶつ》の処理なんかも、効率なんか気にせず、丁寧にやった分だけ評価してもらえて、仕事にやりがいを感じられた。

それに、大学の文化祭も貴重な経験になった。イベントで披露《ひろう》した僕の制作物を、遊びにきてくれた子どもたちが、すごく喜んでくれた。その時から、子どもを笑顔にできる仕事がしたいと思うようになった。

苦悩をくみ取る

そんな大輔さんの就職の希望は、放課後等デイサービスという形で実《み》を結《むす》ぶ。現在は、子どもたちの成長を見守り、笑顔を共にしながら、日々の仕事に励んでいる。

「福祉×子ども」――。

今の職場では、あらかじめ僕の特性も伝えて、いろいろ配慮してもらっている。計算が苦手だから経理はダメだし、同時に二つの業務を請け負うと、高確率で片方が抜け落ちてしまう。メモをこまめにとって、手に書いていても忘れちゃうくらいだから、ここぞという時は、同僚が何度も念を押してくれる。

そんな僕だけど、発達障害の難しさを肌で知っているからこそ、くみ取ってあげられる苦悩もあるんじゃないかなと思っている。それに、もし僕と同じことで悩む子がいたら、僕の姿で希望をもってもらいたいし、そのためにも僕自身もちゃんと成長し続けていかないといけな

父・光一さん（右）、母・直子さん（左）と。大輔さんは、
「家庭という『心の居場所』があったから、今の僕がいます」と感謝を語る

い。

自分の言葉で

少しでもいい。誰かの希望になれる人でありたい――。そんな自分に近づくため、大輔さんは男子部の活動に励み、大学校生として新たな挑戦を開始した。

男子部の先輩が、部活の集まりで「仕事が大変でさー」って楽しそうに話しているのが、いつも不思議でしょうがなかった。厳しい状況の中で、よく笑っていられるなと。でも僕も、そんな風になれるなら、信心、頑張ってみよっかなと思えた（あまり期待されちゃうと困るけど）。

仏法対話は正直、半端なく緊張するし、ヒヨる（※）時もある。だけど、学会を批判されると悔しいし、もっと堂々と自分の言葉で語れるようになっていきたい。

思えば、ドラッグストアでバイトをしていた頃は、いろいろあったけど、最後まで僕を切り捨てず、働かせてくれた。あの時は、なんだかんだ守られていたんだなって、今になって感じる。でもこれから先は、もっと難しい社会の現実にぶつかることもあるはず。だから、どんな試練の突風《とっぷう》も、笑い飛ばせるくらい強くなっていかないと。

その成長の姿で、昔から〝心の居場所〟となって僕を優しく包んでくれた父と母へ、親孝行ができればいいなと思っている。

※ 造語で「おじけづく」の意味

体験

新しい「家族」の形

橋村清子さん（愛知・名古屋市　婦人部副本部長）

〈2019年2月号〉

その一家の日常は、どこかちょっぴりほろ苦く、それでいてハッピーで、発達障害のリアルをストレートに映し出している。ユニークな心の世界に彩《いろど》られた家族の歩みを紹介したい。

長女一家との同居が始まったのは5年前のこと。それからというもの、橋村清子《はしむらきよこ》さんはモヤッとした胸のざわつきを拭《ぬぐ》えずにいた。

幼少の頃から、長女の舞《まい》さんは母親思いの優しい子だった。学校でいじめにあった時も泣き言一つ言わず、「大丈夫だから」と明るく通い抜いた。

女子部になってからも、楽しそうに活動に励む舞さんの姿は、清子さんの喜びでもあった。

ところが、久々に暮らしを共にした娘は、何かが違っていた。

同居生活では、清子さんが日々の掃除を行っているが、舞さん家族の部屋には入らないように配慮し、掃除も控《ひか》えていた。

橋村さん（右から2人目）が家族とともに。左から順に、夫の幸一さん、婿の信二さん、孫の大生君、孫の一生君、長女の舞さん

ある時、舞さんが「こっちの部屋も掃除してくれていいよ」と。清子さんが「そこまでしたら、私、お手伝いさんみたいじゃない」と冗談めかすと、舞さんは、驚きの表情で、「えっ、そうじゃないの?」と。本気で肩を落とす娘の姿に清子さんは呆気《あっけ》にとられた。

4年前、清子さんに子宮《しきゅう》がんが見つかった時もそうだった。不安を抱えて家に帰り、子宮がんであることを告げると、舞さんは「へー、そうなんだ」と軽く流し、すぐにテレビへと視線を戻したのだった。

清子さんの中で悶々《もんもん》とした思いが募《つの》る。しかし、当の舞さんは何ら悪びれた様子もなく、淡々《たんたん》とした表情のまま。「私の知ってる舞ちゃんじゃない」。清子さんは、うなだれるしかなかった。

ある時、清子さんは、知人から発達障害という言葉を聞いた。インターネットで検索すると、その特性と舞さんの今までの行動が驚くほどに合致していた。

２０１６年の秋、専門のクリニックで、舞さんはＡＳＤ（自閉症スペクトラム障害）と診断された。

特別な一人

舞さんには個性的な特性がさまざまにある。例えば洗濯。舞さんの中で洗濯は干した段階で目的達成となる。雨が降っても、すでに〝終わった〟ことなので何も気にならない。

また、同じ概念が二つ以上存在すると混乱が生じる。「親」という考え方もその一つ。結婚後に「二組（実の親と義理の親）になる意味が分からない」と言う。

舞さんいわく、結婚して姓が変わった段階で「橋村家の私は終わり」。夫である橋本信二《しんじ》さん（壮年部員）の家の〝娘〟として、義理の両親のもと出発を切った。そうすることで舞さんは頭の中の混乱を整理し、結婚生活に順応してきたのだ。

さらに舞さんは、自分にとっての特別な存在が一人いれば、「どんな苦悩も耐えられるし、笑顔を見るためなら何だって頑張れる」と言う。だが、それが二人以上になることはない。かつては、その特別な人が母の清子さんだった。母に笑っていてほしいがため、学校のいじめにも耐え、「自慢の娘」であろうと学会活動も頑張ってきたのだ。

しかし、結婚後はその特別な存在が夫の信二さんになった。ゆえに、同居生活の中で清子さんが「昔と違う」と感じたような、母娘のすれ違いが生じていたのである。

一方で、舞さんにも、もどかしい思いがある。人に共感することが苦手な一面があり、同志が悩んでいると聞いても、その痛みに実感が伴《ともな》わず、すぐに飛んでいけない。すると、「冷たい人」などと思われてしまい、心苦しい思いをしてきた。

清子さんの病の時も、子宮がん＝死の恐れ、とはつながらず、「治療すべきもの」と解釈した。しかし、それが別の意図《いと》で捉えられてしまう。こうした現実が、多くの場面で誤解をもたらしてきたのだ。

凸凹を埋める

では、そんな舞さんを夫の信二さんはどう思っているのだろうか。夫なりの葛藤《かっとう》があるのかと思いきや、「おもしろい人でしょ」と、ほほ笑んでいう。「たまに、『ん？』って思うようなこともありますけど、ああいう性格ですからね」と。

舞さんに不得手な家事があれば、信二さんが当たり前のようにそれを担い、お得意の多弁《たべん》さが発揮されれば、無制限に笑って話を聞いている。思ったことをそのまま言葉にしてしまう一

橋村さん（右）にとって、娘の舞さん（左）との日々が、「今まで当たり前と思ってきたことに対して、ふと立ち止まり、深く物事を考えさせてくれる」と

面も、「素直で嘘《うそ》のない人ですから」と。自然体のままで舞さんと調和できているのだ。

だからこそ、ＡＳＤとの診断を受けても、「何も気持ちは変わりませんよ」。むしろ、舞さんが発達障害を公表し、周りからの配慮を得られるようになり、安心したという。

舞さんに発達の凸凹《でこぼこ》があるならば、その窪《くぼ》みを信二さんがぴたりと埋めている。それゆえ、夫婦の間に〝発達障害〟は存在していない。

手のぬくもり

幸せとは何か。清子さんは、舞さんとの生活の中で、その答えに迷いそうになる時がある。しかし、その答えをくれるのも舞さんだった。

娘は、嘘のないまっすぐな心のままに生きている。疑うことを知らない素直な祈りで、純真に信心に励んできた。そうした中で、最高の理解者とめぐりあい、子どもたちと一緒に「毎日がハッピー」といえる笑顔満開の家庭を築いている。

舞さんが、自信満々に「学会活動は裏切らない」と語る姿に、清子さんは、「幸せ」の形はそれぞれ違って、それでいいんだと思えるようになった。「わが子が、幸せと言える人生を送れてるなら、それが母親の幸せですもんね」

つい最近、家族みんなで写真を撮る機会があった。その時、ふいに舞さんが清子さんの手を握った。お互い少しぎこちなさはありながらも、懐かしいぬくもりを手のひらに感じていた。

同居してから、5度目の冬を迎えた。ゆっくりと、そして少しずつ、新しい家族の形が、生まれようとしている。

第2章　気づかれない苦悩の中で

人は主観的な世界で生きている。それゆえ、「自分」という物差《ものさ》しで、「常識」や「普通」が定義されていても、何ら不思議ではない。

しかし、自分の常識が、他者の常識と同じであるという先入観（常識の押しつけ）があると、知らぬまに相手を苦しめていることもある。

異なる感覚

木田櫻《きださくら》さん（仮名、22歳）は、幼少期から「起きられない子」だった。母親に、布団を引きはがされ、体を引っ張り上げられても、起きることができなかった。

「人が言う『眠い』とは、わけが違う」という櫻さん。例えるなら、徹夜明けで深い眠りに入った途端に起こされたような感覚だと。

小学校では遅刻の常連となった。教師からは、毎日、遅刻の理由を責め立てられ、昼食の時間まで立たされた。次第に、櫻さんは学校で浮いた存在になり、いじめが始まった。

「きもい」「くさい」「どっか行け」。そんな言葉は、まだ優しかった。廊下を通れば、大名行《だいみょう》列のように人がよけ、下校途中に田んぼに突き落とされたことも。足を蹴《け》られ、あざだらけになったこともあった。

毎日のように、いじめは続いたが、ほとんどの記憶は、「すっぽり抜け落ちてる」。「体に痛みを覚えたものだけは覚えている」という。

「家に帰ったら、お母さんに泣きつこう」。そう思い、櫻さんは下校するのだが、校門を出て青い空を見上げた途端に、すっと涙が引いてしまう。帰宅する頃には、学校での苦痛を忘れてしまっていたそうだ。

「ＡＤＨＤの悪いところ。忘れずに伝えられていたら、いじめを止めてもらうことができたかも……」。特性の「忘れっぽさ」のおかげで、次の日まで苦痛を引きずることはなかった。だが、誰にも気づかれないことで、結局、いじめは止まらず、苦痛の日々は続いた。

　ある日、櫻さんは、友達をビンタしたことがあった。その時、担任に叱《しか》られ、不条理《ふじょうり》を感じた。「私へのいじめや暴力は見過ごされて、なんで私は怒られるの？」。櫻さんが出していたＳＯＳのサインに、担任は気づけなかった。

＊

中学生になると、櫻さんは教室に入れなくなり、少年

一つのことが気になり始めると、他のことが全く頭に入ってこなくなるという櫻さん。仕事上のやりとりで要点を聞き損ねることも多い

育成センターに通うようになった。これまでと違い、ありのままを受け入れてくれる環境の中で、櫻さんは、ゆっくりと心の平穏《へいおん》を取り戻していった。

不思議にも、あれほど苦しんできた朝の起床も、「スッと起きられるようになった」という。その後、定時制の高校へ進学した櫻さんは、アルバイトをしながら、県の公務員を目指して猛勉強を重ねた。２次試験で合格には届かなかったものの、学校事務の任期付き職員として働くことになった。

ところが、いざ仕事に就《つ》くと、特性のマイナス面が目立ち始め、書類の置き忘れや、仕事の抜け落ちなど、不注意による失策《しっさく》が次々と現れた。

特に、櫻さんは記憶の整理を苦手とし、勝手に記憶がすり替わってしまうことがあるという。過去の案件を尋ねられ、「○○だったと思います」と答えるも、全く違っていたということは少なくない。悪気はないものの、「適当な人」との誤解《ごかい》を招《まね》いてしまっていた。

櫻さんは、対策として、毎日の記録を残すことにした。いつ、どこで、誰に、何を言われたのか。自分が、その日に何を行い、何を感じたのか。こと細かに記していった。

自分の失態やミスについては、反省点も踏まえて記述。付箋をつけて、いつでも確認できるようにすることで、同じ過ちを繰り返さないように徹底した。

そうした努力によってトラブルを回避し、今では、その正確な記帳を頼りに、櫻さんに過去の案件を尋《たず》ねてくる同僚も少なくない。

*

もう一つ、櫻さんを悩ませたのが、職場の人間関係だった。

「これどう思う?」。そんな50代の先輩からの問い掛けに、自分の意見を伝えると、あからさまに、いらだちをぶつけられた。意見ではなく、同調がほしい――そんな空気感がつかめず、衝突を繰り返した。

私生活のトラブルも重なり、心が爆発しそうになった櫻さんは、女子部の先輩に、やり場のない思いを、吐《は》き出していた。

実は、櫻さんは、それまで信心に対してネガティブな印象をもっていた。何かで、いい結果を残すたびに、「御本尊様のおかげやね」と言われることを疎《うと》ましく感じていた。「自分の努力は見てもらえず、御本尊様に手柄を全てもっていかれたような感覚だった」という。

しかし、この時ばかりは、櫻さんも心を決め、「(職場の)先輩と出会えてよかったと思えるようになりたい」と、切実な思いを祈りにぶつけることにした。

すると、ある時から、「先輩なりの不安や苦悩が、うっすらと見えるようになった」という。穏《おだ》やかな目で先輩を見られるようになると、次第に衝突は減り、逆に「学ぶこと」が増えていった。今では、「私ら、ツーカーの仲やね」と言われるほど、良好な関係を築いている。

そんな変化の中で、一昨年（２０１７年）には、ラストチャンスとなる公務員試験に臨《のぞ》んだ。試験が迫《せま》る中、「祈りに祈っての行動を、必ず諸天善神《しょてんぜんじん》が護《まも》る。不退《ふたい》の人は必ず勝つ」との池田大作先生の言葉を胸に、櫻さんは、あえて学会活動に全力で励んだ。仕事も勉強も一歩も引かず、見事、合格を勝ち取り、本採用となった。

「二度と入ることはないと思っていた学校の校舎で、こうして働いていることに不思議な使命を感じる」

今でも、特性による失念《しつねん》が消えたわけではない。それでも、「今のところ、『取り返しのつく』失敗でおさまっている。何かに守られてる感じがしている」と語る櫻さん。信心の妙《たえ》なる力を感じながら、力強く明日へと進んでいる。

櫻さんは、自らの記憶を正しく整理し、引き出せるよう、職場での日々の業務記録などを、こまめに残している

＊

誰もが生きやすい社会をつくるためには、個々の感覚や特性に応じた配慮が必要となる。それは学会の輪《わ》においても、しかりといえよう。

聴力《ちょうりょく》が過敏《かびん》な人には、マイクの音が爆音となって鼓膜《こまく》を刺激していることもある。特性の不注意による失念があった際、それを「責任感の欠如」と決めつけてしまうと、生きづらさを助長する場合もある。

「祈り方」にも、特性は表れる。

櫻さんの場合は、自分の題目の音程が気になってしまうため、できる限り、他の人と一緒に唱和《しょうわ》してもらっているという。注意力も散漫なため、なかなか祈りに集中できないというが、「続けることに意味があると思っています」と、一歩ずつ信心の歩みを進めている。

発達障害の方に限らず、こうした感覚の違いは、無数に存在する。

「ダイバーシティー（多様性）」の言葉が、頻繁《ひんぱん》に用いられるようになった社会の中で、自《みずか》らと異なる感覚を温《あたた》かく受け止めている自分は、そこにいるだろうか。自らの胸に、そっと手を当ててみたい。

自助グループの当事者会を訪ねて

発達障害の方々への支援の裾野《すその》が広がる昨今、当事者同士が自発的につながる自助《じじょ》グループも、「心の居場所」として重要な役割を担っている。当事者の方々は、何を思い、何を求め、そこへ集《つど》うのか。鳥取県米子《よなご》市で活動を展開する自助グループの当事者会を取材した。

それぞれの感覚

通り雨が過ぎ去った春の午後。

米子市内にある喫茶店で、発達障害の当事者会「マイペース」の代表を務める亀山真也《かめやましんや》さん（29歳、男子部副部長）が、不安そうに窓の外に視線を送っていた。

この日の当事者会は、いつもの会場が使えず、初めて利用する会場（NPO法人「山陰福祉の会」提供）だという。参加者の中には、特性による忘れっぽさから、場所を伝えていても間違える人や、新しい場所に極度の不安を覚える人もいる。参加者が無事にたどり着けるか、亀山さんは気をもんでいた。

毎月、開催される発達障害の当事者会「マイペース」の集い。交流タイムでは自由闊達な語らいが行われ、居心地の良い〝マイペース〟な空間が広がっていた

『それぐらい大丈夫でしょ?』と思われるかもしれませんが、ちょっとしたことでも気配《きくば》りが必要なんですよね」。現に、この日もいつもの会場へ向かった参加者がいた。

ポツポツと人が集まり始めるが、参加者を事前に把握《はあく》していないため、何人来るかは分からない。

参加を表明することで、「行かなきゃいけない」と義務感を背負い、つらくなる人もいる。時間通り行動することに苦痛を感じる人もいる。「本人にしか分からない感覚がありますから、負担にならないように参加してもらいたい」と、亀山さんは気長《きなが》に参加者を待つ。

あふれ出る本音

この日の式次第は、1時間半の自由交流タイムと、30分のミニ勉強会。三々五々《さんさんごご》に集い来た参加者が、おしゃべりを始めている。

一つのテーブルでは、「予定に間に合わす難しさ」が話題に上っていた。「間に合うように段取りを組んでいても、なぜか間に合わない」。そんな一声に、「それ、分かります」と、同調する声が続く。

男性が、「どうしても間に合わない時は、『特性だから仕方ない』と言い聞かすことで、自分を責め過ぎないようにしてます」と、自分なりの心の守り方を語る。婦人の方は、「(慌てて)事故を起こすよりは、遅刻の方がマシですよね」と。

それぞれの苦悩に共感できるからこそ、他ではあまり語ることのできない本音があふれ出てくる。

続いて、「掃除の苦手さ」について話題が及ぶと、「クローゼットを開けるとドサーって状態」「私なんか、布団を敷《し》いているスペース以外は、散らかりっぱなし」と、包み隠さずに状況を明かしていく。

一人の女性は、今まで苦手だった掃除ができるようになったという。しかし、その半面、強迫観念にとらわれたように掃除にのめり込んでしまうようになった。「ちょうどいい感じにできない」と、極端に特性が表れる苦悩を吐露《とろ》していた。

「空気を読む」という話題に移ると、さらにトークが白熱《はくねつ》する。

職場での振る舞いに悩む参加者の一人が、「変な人」扱いされる苦しみを打ち明ける。「ここでは笑った方がいいのかな、難しい顔をした方がいいのかな、って。どうするのが正解なのか分からない」と。

別の参加者は、「物語」という表現で、自らの感覚を語る。

いわく、発達障害の人は、物語の「主人公」であり、定型発達の人（発達障害ではない人）は、その物語の「読者」だと。「私たちは、物語の中を必死で生きている。客観《きゃっかん》的《てき》、俯瞰《ふかん》的《てき》に物語を見られる定型発達の人たちのようにはいかない」

社会の中での生きづらさが、それぞれの言葉からにじみ出ていた。

テーブルごとに、おのおのの思いを重ねあう中、会場の片隅《かたすみ》では、亀山さんに、個別に悩みを相談する若い母親の姿があった。

わが子をめぐる保育園でのトラブルで、相手の主張に疑問を抱いているものの、「発達障害の私だから、捉え方が間違っているのでしょうか？」と戸惑いを覚えていた。

亀山さんは、全ての思いを受け止め、心のわだかまりを、ゆっくりときほぐす。しばらくして自分の心に整理がついたのか、女性は笑顔で歓談の輪に交じっていった。

「自分の特性を理解している人ほど、何かあった時に、自分が悪いのではと考え込んでしまうんです」と語る亀山さん。自身もまた、苦悩の坂につまずいてきたからこそ、その痛みが分か

参加者から相談を受ける亀山さん。話にじっと耳を傾け、
それぞれの苦悩を優しく受け止める

る。

自分の存在意義

亀山さんは、20歳の時、保育士として徳島市内で働き始めた。そこで他の人のように仕事が円滑《えんかつ》に進まない悩みにぶつかった。

業務の習得に時間がかかり、不器用さが目立ち始めると、先輩から、「このぐらいのこともできないって、君、おかしいよ」と言われるようにに。厳しい指摘を受け続け、存在価値を否定されている感覚に陥《おちい》った。

そんな時、発達障害を特集するテレビ番組を視聴し、自分の特性との重なりを感じた。クリニックに行くと主治医は診断を決めかねた。発達障害の傾向はないわけではないが、あるとも言い切れず、コミュニケーションに問題もなかったからだ。

それでも、亀山さんが職場での苦しみを切実に訴えると、主治医はためらいながらも、広汎《こうはん》性《せい》発達障害の診断を下した。「自分の不器用さは発達障害が理由だったんだ」と、亀山さんは自らを納得させた。

しかし、心が楽になることはなかった。専門書などで発達障害について調べるうちに、その「特異性」や「できないこと」を思い知らされ、絶望感を抱くようになった。

まるで、自分が「普通」の人と違うと仕分けされたようで、心の中で周りとの壁が生まれていった。なんとか状況を打開したい思いで、かつて子育て支援のボランティアで、お世話になった婦人の方に、勇気を出して自らの現状を伝えた。

すると、婦人の方は「亀ちゃん、大変だったんやなぁ。よう頑張ったな」と。たったそれだけの言葉が、とても温かく、胸の奥深くに染《し》み渡っていった。

「どんな状況の自分でも、ありのままを受け入れてくれる人がいる。そう実感できたことで、絶望的だった心が救われました」

亀山さんは、少しずつボランティアに参加するようになり、徳島市内での発達障害の当事者会の立ち上げや運営にも携《たずさ》わるようになった。

亀山さん自身も、発達障害の人たちと、初めて接することで、苦悩を共有できる安心感を知った。自分の存在意義すら見失いかけた職場とは違い、自分を肯定してくれる空間が、そこにはあった。

「自分の存在を認めてもらえる場所がない苦しみ」は、十分に知っている。だからこそ、亀山さんは、鳥取に戻ってからも、苦悩を抱える人たちのために何か始められないかと考え、当事者会「マイペース」を発足させた。

「ゆるさ」を貫く

当初は、一過性《いっかせい》のイベントとして呼びかけた当事者会。すると、思いのほか、参加者が集まった。亀山さんは、それぞれが自分の居場所を探し求めているように感じた。

会の方向性も、試行錯誤の中で練《ね》り上げられていった。

「最初は、壮絶《そうぜつ》な苦悩を抱えた人たちが来られると思って、少しでも苦悩を取り除いていかなきゃと身構えていた」。勉強会を中心に、発達障害についての知識を深め、明るい未来を示すことに必死だった。

だが、回を重ねる中で、亀山さんは、あることに気づいた。コミュニケーションを苦手とする人が、自由交流タイムの中で、とびっきりの笑顔でおしゃべりを楽しんでいたのだ。自らの特性を超えて、心を通わせている姿に、周りから理解してもらえる安心感の中でこそ、開花する特性があることを知った。

こうした中で、「マイペース」は、交流タイムを軸《じく》に、自由に「自分を語る場所」となり、「自分を取り戻す場所」へと定着していった。

他の支援団体からは、「ただ、しゃべっていても何も進まない。それぞれの課題解決に向けて動くべき」との指摘も受けた。

しかし、そうした団体の集いに、息苦しさを感じ、足を運べない人もいる。そんな人たちにとっての「安心の砦《とりで》」となれるよう、あえて「ゆるさ」を貫こうと決めたのだ。

この日の集いも、実にさまざまな人がいた。編《あ》み物《もの》をしている人。急に話を遮《さえぎ》る人。突然、似顔絵を描き出す人。終始、話を聞いている人。ひたすら本を読んでいる人。一つの輪に個性があふれていた。

記者が、「皆さん、自由でいいですね」と語ると、亀山さんが、「おかげさまで、いい加減な集いが完成しました」と、冗談めかしていう。そこへすかさず、参加者が「なかなかの『良い加減』ですよ」と。そのやりとりを見ているだけで、「ゆるさ」がもたらす効果を感じ取ることができる。

参加者は、「マイペース」について、どう思っているのか。

「ここに参加するまで、発達障害の人と関わる機会がなかった。初めて悩みを共有できて、海外で日本語が通じる人と出会えたような安心感を覚えた。ずっと定型発達の人になりたいと思って生きてきたけど、僕は僕のままでいいんだと思えるようになった」（30代男性）

「いろんな自助グループに参加していますが、ここは無理に前に進ませようとはしない。本当につらい時に参加できる場所です。等身大でいられるし、自分の良さに気づかせてくれる。ちょこっと勉強会もして、ただのおしゃべり会で終わらないところも好きです」（40代女性）

心の視野を広げる

いつも黒子《くろこ》に徹し、穏やかに参加者を見守る亀山さん。「年下なのにお父さんみたい」といじられつつ、懸命に心を尽くしている。

「僕は、何かを教えたり、導いたりする存在ではありません。皆さんと共に悩み、心に寄り添うことしかできません。『自分らしい生き方』を見つけ、歩まれることを信じ、祈り続けるだけです」と。

何より、亀山さんは、万人の生命に尊極《そんごく》の仏性《ぶっしょう》があることを説く仏法哲学が、「心の視野」を広げてくれると確信している。

「生命の次元で一人一人を見つめ、『発達障害の○○さん』ではなく、『一人の○○さん』として見た時、一人一人に、必ず幸せになる力があると信じることができる」と。

私たちは、心の目で、何を見、何を感じ取れているだろうか。色眼鏡によって見落としてしまっている「いのちの輝き」はないだろうか。

信心の眼《まなこ》を研《と》ぎ澄《す》ましていく中で、きっと「心の視野」は広がっていくに違いない。

体験

「普通」に見えるつらさ

木村笑美さん（兵庫・芦屋市　支部副婦人部長〈兼地区婦人部長〉）

〈2019年5月号〉

木村笑美《きむらえみ》さんには、ずっと胸に秘めてきた思いがある。なにやら、新元号「令和《れいわ》」の始まりとともに、心機一転、〝心の声〟を解放し、新たなスタートを踏み出すようです。（※時折、ご本人の本音がこぼれますが、お気になさらず）

これまで、ほとんど公にしてこなかったけど、3年前、私はＡＤＨＤ（注意欠如・多動性障害）と診断された。特性ゆえ、苦手なことや、こだわりがある。いらぬ誤解を招かないよう、私、木村笑美の〝説明書〟を読んでみてほしい。

①強い日差しが苦手なので、よくサングラスを掛ける（マダム感を出しているわけではない）
②高架下の電車の音が苦手で立《た》ち往生《おうじょう》してしまう（か弱い乙女《おとめ》を演出しているわけではない）
③名前を「木村」で呼ばれると、気になってその後の話が頭に入ってこなくなる。できれば「笑美」とか「笑美ちゃん（さん）」とか下の名前で呼んでほしい（断じて、ぶりっこではない）

④ピアスが必須。耳につけていると守られている安心感があるが、つけていないと不安に襲《おそ》われる（決して、色気《いろけ》づいているわけではない。ただし、おしゃれを楽しんでいる自分もいる）

これは、ほんの一部だけど、説明しておかないと、周りの人は、きっと分かんないと思う。

笑美さんは、ピアスをつけていないと不安に襲われるため、外出時は絶対に忘れられない

毒舌キャラの登場

私は、興味ないものに一切、関心を示さないから、小学校の時には、女子がドラマやアイドルの話で盛り上がっていても、全然ついていくことができなかった。「せやんなー」と、何となーく話を合わせて、その場をやり過ごしてきた。

それは今でも同じ。ママ友たちとお茶していても、無理に話を合わせていることはよくある。

よく、発達障害の人は、「空気が読めない」って言われるけど、私の場合は逆。空気を読みすぎて心身が疲れてしまう。それがピークに達すると、〝仮面〟が取れて、気づいたら毒づいてることもある。だけど、

友の苦悩に寄り添う中で、自らも試練の日々を越えてきた笑美さん(中)。
「目に見えないことで悩んでいる人の気持ちが、痛いほど分かります」

ママ友のみんなは、「毒舌キャラ登場」と、それすらも楽しんでいる(関西のママは、かなり手ごわい)。

伝わらない苦しみ

私は、ADHDの不注意優勢型だから、忘れ物をしたり、約束を忘れたり、「うっかり」が多い。

学会活動でも、地区婦人部長なのに、「大白《だいびゃく》蓮華《れんげ》」を忘れたり(これは、同志の人が一緒に見せてくれるからセーフ)、STBを忘れちゃったりする(これは、アウト)。

締め切り期限のあるものも苦手で、各種の報告ものは、記憶から抜け落ちてることが多い。だから、いつも細《こま》かなことまでメモに書きとめて、何度も確認している。

「遅刻をしない」「忘れ物をしない」。普通の人からしたら、きっとそこまで難しいことじゃないんだと思う。でも、私にとっては、それだけでも、結構ハードルが高い。

同志の皆さんに迷惑や心配をかけないよう、水面下で必死にもがきながら、「普通」であるように見せてきた。だから、普段の私を見ていても、困っている感は、全然伝わっていないんだと思う。

よく、「いつも元気やね!」って声を掛けてもらう。だけど、案外、そうでもない。生きづらくて、苦しい時も多いんだよなー。

マルチタスクが苦手だから、あれもこれもと言われると頭がショートしてしまうし、話し合いも4人以上になると混乱する。

自分本位の偏《かたよ》った価値観を押しつけてくる人との会話(こういう人、わりと多い)や、「できないこと」を強要されるのは、もはや拷問《ごうもん》。感覚過敏もあって、一日を終える頃には、私は機能停止状態になる。

「普通」を演じてきたくせに、「普通に見える」ことによって、自分の首を絞《し》めていた。ほんとは、とてつもない苦しみや葛藤《かっとう》がある。人一倍、努力して、みんなと同じラインに立っている。だから、「見える私」じゃなくて、「見えない私」がいることを誰かに知ってほしかった。

一対一で学習塾の生徒と向き合う。「子どもたちそれぞれの成長の形があっていい。見えない努力がちゃんと報われる社会であってほしい」

きっと分かってくれる

これまで、自分の存在価値を見失いかけたことは何度もあった。

苦しくて、しんどくて、何もしたくない時だってある。でも、そんないっぱいいっぱいの時に限って、なぜか友達から悩みを打ち明けられることが多い。大好きな友達だから、放っておけるわけがない（私の中のおせっかいおばさんが発動する）。

悩みを聞いて、一緒に苦しんで、一緒に泣いて。でも最後に笑顔を取り戻してくれると、こっちが幸せな気持ちになる。

「笑美ちゃんなら、きっと分かってくれると思った」

そんな言葉をもらって、私も誰かの役に立ててるんだって、自信になったし、自分を肯定してあげることができた。おかげで、自分を見捨てずに、ここまでやってこれた。

「人《ひと》のために火《ひ》をともせば・我《わ》がまへ明《あきらか》なるがごとし」（御書1598ページ）。この御文は、きっと、自己肯定感を高める道を、私に教えてくれてるんだと思う。

平均点で測る世界

大切なものは目に見えない——。

私は、童話『星の王子さま』（サン＝テグジュペリ）に出てくる、この言葉が、ほんとに好き。

わが家で学習塾を開くようになって二十数年、生徒の「見えない成長」を応援してきた。もちろん成績という見える評価も大事だけど、「平均点」を軸に自分の価値が測《はか》られるような世界は、私は嫌だな。

何より、私自身に見えない努力や苦しみがあったからこそ、気づいてあげられる心の世界がある。

最近は、子の世代になって親子2代で通ってくれる生徒もいるし、卒業生から活躍の報告をもらうと、自分の道に間違いはなかったんだって、うれしくなる（実は、ちょいちょい自分で自分をほめている〈内緒〉）。

そんな私の経験から、今言えることがあるとしたら、見えない部分にこそ、その人の大切な輝きがあるんじゃないか、ってことかな。

さてさて、いろいろぶっちゃけちゃいましたが、こんな私にこりず、今後とも、親《した》しき（程よい距離感で）お付き合いをお願いします。

第3章　カサンドラ症候群〈家庭編〉

人は「共感」を抱くと、相手に対し、自然のうちに親しみや同情心が芽生《めば》え、関係性が深まっていくものである。しかし、最も身近な人が、共感性に乏《とぼ》しいとしたら――。

カサンドラ症候群（以下、カサンドラ）は、家族やパートナーなど身近にいる人とのコミュニケーションがうまくいかないことによって生じる心身の不調をいう。

配偶者やパートナーが、自閉症スペクトラム障害（アスペルガー症候群）の特性などにより、共感性や情緒《じょうちょ》的な反応が乏しい場合に、共に暮らす人に起きやすい（※）。家族や職場の同僚など、深い関わりがある人にも同様のことが起こりうる。

18回の転職

精神科医の岡田尊司《おかだたかし》氏は、著書の中で、カサンドラを「夫婦関係の生活習慣病」と表現し、「小さな歪《ゆが》みが積み重なることで、耐えがたい状況が生まれてしまう」（『カサンドラ症候群――身近な人がアスペルガーだったら』角川新書）と指摘している。

西リョウコさん（仮名、53歳）の場合も、小さな歪みから苦しみが始まっていった。

結婚当初、夫に買い物をお願いすると、頼んだもの以外にも大量の商品を買い込み、渡した1万円を使い切って帰ってきたことがあった。子どもが初めて立った時も、声を弾《はず》ませるリョウコさんの隣で、夫は目もくれず、テレビのスポーツ中継にかじりついていた。

そんな夫に戸惑《とまど》いつつも、炊事《すいじ》や子どものオムツ替えなど、具体的なお願いは、快《こころよ》く引き受けてくれる。それゆえ、大きな衝突には至らなかったが、夫が自ら気づいて何かをしてくれることはなかった。

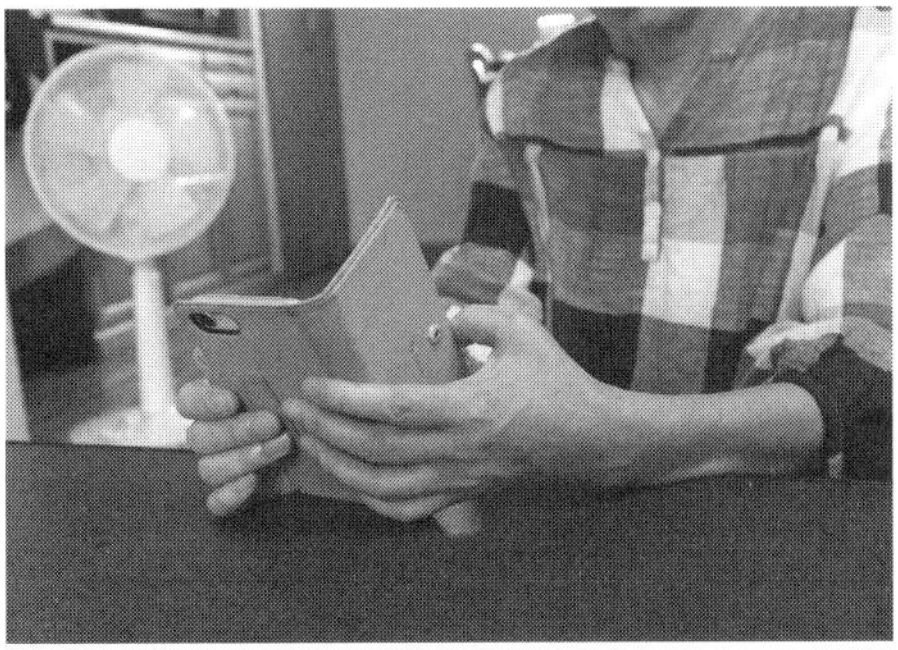
夫の発達障害が分かる前、リョウコさんは「私はこんなに頑張っているのに、なんであなたはいつまでも変わらないのよ」と、怒りをぶつけてばかりいた

夫婦の歪《ひず》みが露呈《ろてい》したのは、二人目の子が生まれた後だった。母親の介護も重なり、余裕《よゆう》のない日々の中で、夫が会社を解雇になったのだ。それ以来、夫は何かと仕事でつまずくようになった。

警備の会社では、唐突《とうとつ》に警笛《けいてき》を鳴らしたり、紫外線予防のためにサングラスを掛けたりと、自分のこだわりを優先し、最後は解雇理由が列挙《れっきょ》された書面を突きつけられた。

営業職に就《つ》いた時は、仕事自体は向いていたのか好成績をあげたが、職場の人間関係で摩擦《まさつ》が起きた。社長に「誰のおかげで、この店があると思ってる」と高慢《こうまん》な態

※カサンドラ症候群は、医学的診断のカテゴリーではなく、相互関係の改善に役立てるために有用な一つの概念とされる。共感性が低下する原因も自閉症スペクトラム障害とは限らず、養育環境の影響による愛着障害なども考えられる。

度を取り、リョウコさんが呼び出され、厳重注意を受けたこともあった。

繁忙期に「お願いだから来ないでくれ」と言われた職場もあり、一向に仕事が続かず、20数年のうちに18回の転職を繰り返した。

*

生計が成り立っているうちは、まだ夫への不満に目をつぶることができたが、収入が安定しなくなると話は別だった。

購入した家を売り払い、実家で親と同居することになった。水道光熱費の支払いも親に頼らざるを得ないほど、家計は逼迫《ひっぱく》した。しかし、夫は家庭のことに全く関心を示さず、「家のことは私一人で決断してきた」と、リョウコさんは振り返る。

人は、共感的応答（共感し、その思いに応えること）を与えられない環境に、長い期間置かれると、愛着の機能が不安定になるという。それは「ネグレクト（育児放棄）された子どもに起きるようなことが、大人にも起きてしまう」（前掲書）との見方もある。

親の介護、育児、経済苦……。

心の支えを必要とする時に、リョウコさんには、歩幅を共にしてくれる存在がいなかったのだ。

さらにリョウコさんを苦しめたのは、周囲の認識とのズレだった。夫の不可解さを伝えても、「男の人ってそういうもんよ」と、ひとくくりにされてしまう。夫と生活上の接点をもたない人からすれば、「優しい旦那さん」の一面しか見えず、「いい人すぎるから社会に順応できないだけよ」と言われる始末だった。

親しい同志からの「あなたの信心よ」という善意の励ましも、当時の追い込まれた状況では受け止め切れず、「どうせ理解してもらえない」と、いつしか自分の胸の中にしまいこむようになった。

岡田氏は、カサンドラは、「夫に気持ちをわかってもらえずに苦しさを抱えるだけでなく、その苦しさを周囲の人にもわかってもらえないという二重の無理解に苦しむことになりやすい」と指摘する（前掲書）。

そんな〝二重のストレス〟から、自らの心を守るかのように、リョウコさんは夫に厳しく当たるようになっていった。子どもの前で感情をあらわにすることもあり、「私がいつ豹変《ひょうへん》するか分からない怖さを、子どもたちに感じさせてしまった」と今も後悔《こうかい》の念《ねん》を抱いている。

＊

転機は４年前（２０１５年）。ついに夫の仕事も行く当てがなくなり、意を決して夫婦で専門のクリニックへと足を運んだ。そこで夫の自閉症スペクトラム障害が判明した。

今まで雲をつかむようだった違和感の正体が明らかになり、いら立ちを覚えてきた夫の行動が、発達障害の特性からくることを知った。

思い返せば、これまで夫が仕事でつまずくたび、リョウコさんは夫を責め立ててきた。ある時、夫が告げた言葉がある。「お前は、おれの敵か味方か」。会社で批判の的となり、時には土下座《どげざ》もさせられてきた夫は、自分なりに頑張っても認めてもらえないもどかしさを抱えていたのだと感じた。

リョウコさんは、自らの振る舞いを省《かえり》みた時、一つの事実に気がついた。今まで、夫が立派に働いて稼《かせ》いでくることが、信心の実証であると思い込んできた。だから、夫が定職に就くことにこだわり、自らの「理想の夫」を押しつけていた。

「自分の求める幸せを、夫にも求めてきて、結局、自分の首を絞《し》めていただけ。夫の変わらない特性の部分を、変えよう変えようとしていた。変わるべきは私自身だった」

そう思えた時、友人からの「ご主人、障害者枠で働いてもいいいんじゃない」というアドバイスも、すんなりと受け止められ、自分自身が家計を担おうと決心がついた。

「〝諦《あきら》める〟というとマイナスに聞こえるかもしれませんが、自分のこだわりを諦めることで、すごく心が楽になった」

カサンドラで対立する夫婦には、お互いが自分のこだわりや考え方に固執《こしつ》し、衝突し続けることがあると言われる。そんな時は、「（特性は）にわかには変えられない問題なのだと諦め、達観《たっかん》する」「達観することによって、ありのままに受け止め、夫や家族としての愛情も保つことができる」と、先の岡田氏は語る。

〝諦める〟という選択は、ありのままの夫を「受け止める」という覚悟の一歩であり、「夫と共に幸福になるんだ」と、リョウコさんの祈りも定まった。

*

リョウコさんは、友人の勧めを受け、市の児童療育《りょういく》センターに勤めることになった。さまざまな特性の子どもたちと触れ合う中で、自分と周りを比較して、自信を失っている子が多いと感じた。リョウコさんは、一つでも多く成功体験を積めるように、一人一人の歩幅《ほはば》に合わせ、スモールステップを重ねてきた。

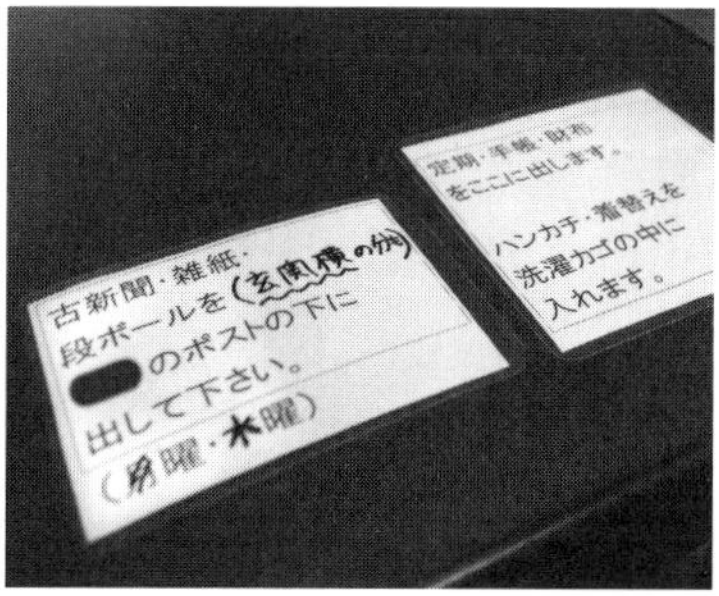

やるべきことを〝見える化〟することで、リョウコさん夫婦の衝突も減っていった（一部、写真を加工しています）

そして、日に日にたくましく成長の翼《つばさ》を広げていく子どもたちの姿を通して、関わり方次第で、特性は伸びゆくことを知った。

そうした中で、リョウコさんの夫に対する眼差《まなざ》しにも変化が生まれ、「できないこと」にとらわれるのではなく、「できること」をサポートしようと意識が変わった。

ゴミ捨てなどのお願いをカードに記入し〝見える化〟したり、できたことはポイント制にしたりすると、最初は乗り気でなかった夫も、今では進んで取り組むようになった。

何より、発達障害が判明したことに対し、当の本人は、さほど思い悩んでいる節《ふし》もなく、むしろそれによって受けることのできる福祉サービスに感謝し、喜んでいる。その幸せの感度の高さには、うらやましさすら感じるという。

昨年（2018年）には、夫が初めて友人に弘教《ぐきょう》を実《みの》らすなど、明るい話題も増えるように。

23年の夫婦の営《いとな》みの中で、リョウコさんが行き着いたのは、「自分が変われば、環境も変わる」ということだった。常日頃、信心の世界で触れてきた言葉を、今は生命で実感している。

「50代にして、こんな新しい世界が広がるとは思いもしなかった」。そう語る表情に、もうカサンドラの影はなかった。

＊

人それぞれ、カサンドラに至るまでの事情はさまざまだが、孤独に置かれている状況を理解してくれる「支え」があるかどうかで、心身の状態は大きく左右される。

発達障害の方々の生きづらさを軽減していくとともに、その身近な方々が抱える苦悩に寄り添っていくことも決しておざりにしてはならない。

また一方で、カサンドラに陥《おちい》らなかった婦人のケースもあった。

藤代《ふじしろ》ミヨさん（仮名、65歳）には、アスペルガー症候群の夫がいる。

独特な感覚をもつ夫は、衣服のわずかな糸のほつれも許せず、買ったばかりの服を自分で調整し、何着もダメにしてきた。車のルームミラーの角度が気になると、何十分も直し続ける。自分の所有物に触れられるのを嫌い、引っ越しの際、荷物は自分でまとめると言うものの、当日になっても何一つダンボールに詰めていないということも。虫《むし》の居所《いどころ》が悪い時は、「お前なんかぶっ殺してやる」と怒鳴《どな》り散《ち》らすという。

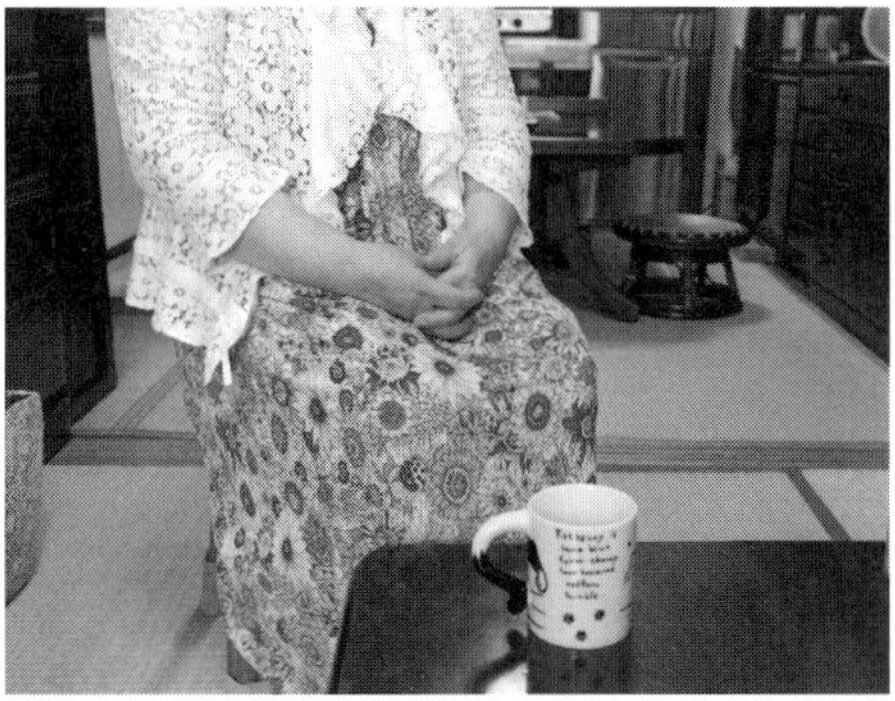

ミヨさんに対し、看護師をしている学会の同志が、専門的なアドバイスもしてくれ、陰に陽に支えられてきたという

妻のミヨさんには、よほどの苦悩があると思いきや、意外にも本人は「笑えるでしょ、うちの旦那」と、涼《すず》しい顔をしていた。

なぜ、笑っていられるのか――。率直《そっちょく》に疑問を投げ掛けた。

「夫婦はこうあるべき、夫はこうあるべきとか、そういう自分のこだわりがあると、しんどくなるだけ。思い通りにいかないものなんだから、受け流して、笑ってればいい」

まさに、達観している。だから、夫が暴言を言い放っても、〝器《うつわ》は小さいのに、精いっぱい怒ってる〟と思え、笑えてくるという。

さらに、ミヨさんの言葉に「夫婦の形」を考えさせられた。

20年以上前に、一度、ミヨさんは離婚を切り出したことがあった。その時、泣きわめいて親にすがる夫の姿に、「旦那としての威厳《いげん》は消えた」という。将来的に子どもをもつことも考えていなかったため、あくまで共に暮らすパートナーとして夫婦の歩みを進んできたのだった。

だからこそ、子どもを見守るように、冷静に一つ一つの特性を見極め、ストレスがかからない方向へ、思考を切り替えてこられたのだ。

先に登場したリョウコさんも、「今は、ある程度の夫婦の距離感を保つようにしているからこそ、ストレスフリーの関係を築けている」と語っていた。

夫婦の形に正解はない。仲むつまじく、全てを分かり合える。そんな夫婦像が〝正しい〟かのように思い込んでいると、いつまでも苦悩の沼《ぬま》から抜け出すことはできない。

何より、ミヨさんには物事を見つめる柔軟性があった。「全て信心の世界で学んだこと。法華経でも、相手に合わせて、柔軟に教えが説かれている。仏法は常にタイムリー。その人、その時に応じて、優しく生命を包んでくれる」と。

今まで「常識」とされてきた既成《きせい》の概念《がいねん》が、次々とアップデートされる時代にあって、仏法の柔軟性が、価値創造の視野を広げてくれるに違いない。

体験

「がっかり名人」と一緒に

中西紀子さん（千葉・船橋市　婦人部本部長）

〈2018年2月号〉

「やっぱり、そうだったんだ！」

中西紀子《なかにしのりこ》さんは、次男・正宣《まさのり》さんが「アスペルガー症候群」と診断された時、目の前に道が開かれていくように思えた。落胆《らくたん》より、むしろ安堵《あんど》の気持ちがあふれた。

思い当たることは、たくさんあった。会話が飛び交っていても、正宣さんだけカプセルに入ったように、何も見ていないし、聞いていない。周りのことを理解できず、まるで別世界で暮らしているようだった。

小学校では、15分ほどで終わる漢字の宿題をやりたくなくて、じんましんが出る。2時間かけても、興味のないことだから頭に残らず、小テストでは0点。

こだわりが強く、いつもと同じ時間に家を出られないと、「もう学校に行かない」と家の前に半日座り込む。

自分の気持ちが相手に伝わらないと、パニックになり、髪の毛をむしる。激高《げきこう》して、トイレ

〝偉大な太陽の笑顔に感謝〟――中西さんは、
家庭でも地域でも、明るい笑顔で皆を照らす

の扉を蹴《け》って穴をあける……。

〝何かあるのでは〟と感じていた。たまたまテレビで放映されたアスペルガー症候群の特集を見て、「もしかして」と思った。

正宣さんが小学6年生の時、二人で医療機関の児童精神科を訪れた。医師から受けた説明に、心から納得した。ほかにも多くの人が同じように悩み、試行錯誤してきたことも知った。違和感の原因が分かり、気持ちは次第に楽になっていった。

夫婦のすれ違い

診断の時、医師から重ねて、こう尋《たず》ねられた。

「アスペルガー症候群は、脳の機能の障害で、遺伝性が高いといわれています。ご家族に同じような方はいませんか？」

ハッとした。夫・丈宣《たけのり》さんの姿が、脳裏《のうり》に浮かんだ。家族の中でも、丈宣さんは、まるで一人暮らし。他人の気持ちが分からず、共感ができない人だと感じてきた。

子どもが生まれてからも、すれ違いの日々。仕事などで帰宅時間は遅く、休日も家族と過ごす時間は、少なかった。

交換ノートを作って、「今日は寝返りできたよ。笑ったよ」と書いてみたが、まったく返事はない。「俺、そういうのは見ないから」と。

紀子さんの体調が悪く、子どもがおなかをすかせていても、自分の分だけ食事を買って、一人で食べる。

紀子さんが怒っても、「もしかして、怒っているの？　言ってくれればいいのに」と話し合いにならない。思い当たることは、挙《あ》げればきりがなかった。

相談しても、「良い旦那さんじゃない。そんなふうに言ったら気の毒よ」「男の人って、皆そうよ」と周囲から言われ、状況を理解してもらえないことが、一番つらかった。

パートナーと感情や責任を分かち合えない。人に話しても理解してもらえない。孤独に追い込まれて、心と体が病《や》んでいく思いがした。今思えば、いわゆる「カサンドラ症候群」だったのかもしれない。

長年にわたり、感じてきた心のすれ違い、違和感、孤独感を医師に語った。「大変なご苦労をされましたね」――その言葉に、とめどなく涙があふれた。

和楽の太陽と

子どもの前では明るくしていても、一人になると泣きながら題目を唱えた。〝つらくて悲しくて、もう離婚したい。でも、一生添《そ》い遂《と》げると誓った相手。必ず意味があるはず〟――そう自分に言い聞かせた。

葛藤《かっとう》の日々が続く中、婦人部の会合に参加して、池田大作先生の言葉にめぐりあった。

「たとえ、梅雨空が太陽を覆《おお》い隠《かく》そうが、吹き荒れる嵐の夜であろうが、わが母の笑顔がある限り、私たちの生き抜く世界は、永遠に明るい」

「母の笑顔！　あの母の笑顔こそ――『和楽』と『平和』と『幸福』への不滅なる一家の太陽であるのだ。その母の楽観主義の光は、地域の太陽となり、世界平和の太陽として、昇《のぼ》り輝《かがや》いている」

〝そうだ！　母は「一家の太陽」なんだ。夫には自分を照らしてほしいと思っていた。でもそうじゃない。夫のことも、私が照らしていくんだ。自分が強くなろう！〟

それからは泣くのをやめ、楽しい家庭を築いていこうと決めた。先輩たちの励ましも大きな

底抜けに明るい中西家。左から夫・丈宣さん、次男・正宣さん、次女・恵美さん、紀子さん、長女・美香さん。中西家の家訓は、「努力は嘘をつきません」「やってみなけりゃ、分からない」

支えになった。

これまでの丈宣さんの言動も、本人に、全く悪気がなかったと分かり、救われた思いがした。

どこか人と違うと感じてきた丈宣さんも徐々に発達障害を自覚するようになっていった。「気がついたら、何でも言ってくれ」と言うようになり、深かった夫婦の溝も、互いの理解と努力で少しずつ埋まっていった。

丈宣さんは今、職場で営業部長として活躍。学会の組織では、副県長として、同志の激励に尽くす日々だ。地域ではＰＴＡの「おやじの会」で、祭りや地域のパトロールなどに、懸命に取り組んでいる。

紀子さんは満面の笑みで語る。

「夫には、いまだに、がっかりさせられることもあります。そんな時は、『がっかり名人』と呼んで、子どもたちと笑い飛ばしています」

理解してくれる存在

次男の正宣さんも、自分が発達障害であることを周囲に伝えていくようにした。自分にできること、できないこと。苦手なこと、困っていること。率直に話をして、皆に理解を求めた。

高校では、正宣さんの特性を友人たちが理解してくれ、満場一致で卓球部の部長に推《お》された。苦手だった漢字も、優秀賞で表彰されるまでに上達した。

家族の影響で好きになった漫画を学びたいと、今、漫画の専門学校に通う。電車に乗る練習もして、出席率は100%。セリフ運《はこ》びがいいとほめられ、敢闘賞《かんとうしょう》も受賞した。同じように好きなことに取り組む友人たちにも恵《めぐ》まれた。

「家が明るくて楽しいから、嫌なことは全部忘れちゃう」と正宣さん。いろいろなことがあっても、理解してくれる存在がいる。居場所がある。正宣さんにとって、そのことが最も大きな支えとなった。

紀子さんはさわやかな笑顔で語る。

「正宣が私たちを選んで生まれて来てくれたことに感謝しています。正宣のおかげで、私は夫を理解することができました。

私にとって、発達障害は、決して不幸の原因ではありません。楽しく生きていけない理由にもなりません。

どういう家族が正解かは分からない。でも、それぞれが個性を輝かせて、ありのままに、自分の人生を楽しんでいければいい。そう強く願っています」

体験

家族全員が発達障害

渡邉裕子さん（福島・本宮市　地区副婦人部長）

〈2019年9月号〉

「わが家には〝宇宙人〟がいる」と渡邉裕子《わたなべゆうこ》さんは言う。どうやら、発達障害である夫・隆幸《たかゆき》さんが巻き起こしてきた数々の珍事《ちんじ》から、導き出された呼び名らしい。

愉快な夫と共に、泣いて、笑って歩んできた一家の旅路《たびじ》。「今だから語れる」言葉がある。

わが家の宇宙人は、思考が読めない分、おもしろい。

あるお宅にお邪魔した時、かなり吠える犬がいた。皆、避けて通っていくのだが、うちの人は気にもせず、犬のテリトリーに入っていく。本人いわく、自宅で犬を飼っているから、おれには犬の気持ちが分かる、らしい。静かに見守っていたが、がっつり犬にかまれていた。

息子がインフルエンザにかかった時なんかは、仕事に行く前に、急におちょこで酒を飲み始めた。驚く私をよそに、本人は、アルコール消毒だと、大まじめに言う。

「妻には頭があがりませんよ」と夫・隆幸さん（右）。
すかさず、渡邉さんが「でしょうね」と。笑いが弾ける

その場では全くもって笑えないが、友達に話すと、「きっと宇宙人だよ」と、いつも笑いのネタになる。

あやしさ全開

実は、わが家は、夫だけでなく、長女（のぞみさん）と長男（繁明《しげあき》さん）も発達障害の診断を受けている。

長女は中学1年生の時、長男は小学2年生の時に、共に広汎性《こうはんせい》発達障害が判明した。2人とも、優しく素直な子で、家での育てにくさを感じたことは一度もなかった。

でも、繁明は学校でいじめにあい、のぞみは2次障害の強迫性《きょうはくせい》障害になり、それぞれ苦痛を抱えることになってしまった。そこに至るまでに、なんとかしてあげられなかった自分を、親

として恥じた。

それからは、どんな苦労もいとわずに、子どもに寄り添い、負けない心を育《はぐく》もうと、迷いなく突き進むことができた。

でも、そんな日々の中でやらかしてくれるのが、わが家の宇宙人だ。

ある日、預金通帳に謎の引き落としが記載されていた。不思議になって夫に尋《たず》ねても、しらばっくれるばかり。あやしさ全開である。問い詰めると白状《はくじょう》した。何社にも借金して、パチンコにつぎ込んでいた。

「借りたものは返す」。夫はこの当然と思われるような感覚への理解が乏《とぼ》しい。返済意識が薄く、借金はふくらむばかり。わが家は家庭内戦争に突入。毎日が夫婦ゲンカ、離婚騒動だった。

そこへきて、夫が、職場の上司から行動の違和感を指摘され、専門のクリニックへ行くと、ＡＤＨＤ（注意欠如・多動性障害）と診断。さらに仕事も、不注意によるミスを連発し、解雇《かいこ》になった。

住宅ローンも残っているのに収入は私の仕事の微々たるものだけ。この先どうやって暮らせばいいのか。出口の見えない不安と、夫へのストレスが募りに募り、私の心は決壊《けっかい》。うつ病を発症した。きっとカサンドラ症候群だったんだと思う。

うつ病の診断を受けた際、驚くことに、私自身も発達障害であることが発覚した。ただ、グレーに近い発達障害だったため、周りも、私自身も、その特性に全く気づけなかった。

苦しみの中の変化

うつになってからは、本当にナーバスな日々が続いた。自殺願望も出てきて、全てが絶望的だった。

夫の診断名なんか何でもよかった。生活の苦しみから抜け出せなきゃ何の意味もない。心が下り坂になっている時は周りの言葉にも過敏《かびん》だった。「個性だから」「あなたは題目の人だから大丈夫だよ」――そんな言葉じゃ片付けられない苦しみがある。自殺まで考えてるのに何が大丈夫なの？　御本尊の前に座ることができなくなってしまった。

そんな苦しい家庭状況の中、一つ変化があった。わが家の宇宙人である。ある日、仕事で骨折したことを機に、なぜか怒濤《どとう》のように題目をあげるようになった。しかも、毎日毎日、途絶《とだ》えることなく。

しばらくすると、処方された薬がてき面に効き始め、激しかった多動が目立たなくなってきた。衝動で足を運び続けていたパチンコも、ある日を境にピタリとやめた。

さらに、私のことを心から理解してくれるママ友ともめぐりあうことができた。夫の祈りが

信心の絆で強く結ばれる渡邉家。左から、長女・のぞみさん、
夫・隆幸さん、渡邉さん、長男・繁明さん

引き寄せてくれたとは認めたくはないが、この出会いによって、福祉サービスや支援を知ることができ、わが家は救われたと感謝している。

そこからは薄紙《うすがみ》をはぐように、私自身も、夫も、良い方向へと向かうようになった。毎日勃《ぼっ》発《ぱつ》していたケンカも2週間に一度に減った。わが家にとっては革命だった。

須梨槃特のように

私は、仏典《ぶってん》に出てくる須梨槃特《すりはんどく》の話が好きだ。物忘れがひどく、自分の名前すら覚えられない愚鈍《ぐどん》の弟子。複雑な修行についていけず、周りからバカにされても、愚直《ぐちょく》に努力を続けて、最後は悟りを得ていく。

この物語は、私たち家族が進むべき幸せの道筋を教えてくれているように感じる。誰に何と思われようが、私たちは私たちの人生をまっすぐに進んでいく。それでいいと、この信心は教えてくれる。

娘は今、保育士の資格を生かして働き、白蓮グループの活動にも奮闘。息子も、今年から男子部の大学校生として奮起し、仕事に学会活動にと頑張っている。

何より、わが家で一番の題目の人となった夫は、借金も返済し、今は廃品回収の仕事を、天職と喜びながら意欲的に働き続けている。

一時は、一家離散まで覚悟した家庭が、今は信心の絆《きずな》で強く結ばれていることが不思議で仕方ない。

これからも山あり谷ありの夫婦旅は続くと思う。でも、今までも壁を越えれば、必ず新しい景色が広がっていた。次はどんな景色が待っているのか。心のどこかで、楽しみにしている私がいる。

第4章　カサンドラ症候群〈職場編〉

障害者差別解消法では、障害のある人たちの困りごとに応じて、行政・事業者が「合理的配慮」を提供することが義務付けられている。

言うまでもなく、働く権利は全ての人に等しく行き届くべきものであり、社会的障壁を取りのぞくための配慮は欠かせない。

しかし、実際の働く現場では配慮の比重や精神的負担が、特定の人にのしかかり、本来の業務に支障をきたしている場合もある。

読者からは、「相手の思いを尊重しながらもフォローしきれないことがあり、負担を感じる時もある」と、共生社会の難しさを訴《うった》える声も届いている。

反発し合う特性

松山ナミさん（仮名、38歳）は、以前、食品の品質検査・安全管理を行う会社に勤めていた。業務の内容は、定められた手順に則《のっと》り、食品が安全基準を満たしているかを測定するというもの。これを二人ペアで行い、ダブルチェック態勢でミスを防《ふせ》いでいる。

ルーティン作業を得意とするナミさんは、自分に向いている仕事だと感じ、前向きに業務に励んでいたが、ペアを組んだ2歳年上の男性との歯車《はぐるま》が全くかみ合わなかった。

高学歴のその男性は、食品の安全基準に関する見識が広く、普段の知的な言い回しからも、有能な一面がうかがい知れた。ところが、その一方で、一般常識に欠けていたり、衝動的に行動したりと、アンバランスさも目についた。業務中に突然、女性の生理について、執拗《しつよう》に質問され、不快感を覚えたこともあった。

極めつけは、業務マニュアルを無視し、独断で作業を進めたことで、測定結果に不備をもたらし、トラブルに発展したことだ。

関連部門にも影響が及び、男性は先輩や周囲から何度も指摘を受けるものの、自分のやり方の方が効率が良いと聞く耳をもたない。ナミさん自身も、丁寧《ていねい》に説得を試《こころ》みたが、男性は決して自説を曲げず、逆にそのやり方を強要してきた。

「1日中、逃げ場のない密室空間で、同じ話を繰り返されると、自分が間違っているように思えてきて、頭がおかしくなりそうだった」

8カ月の間、じわりじわりと精神的に追い込まれていったナミさんは、PMS（月経前症候群）が悪化し、不眠症に陥《おちい》るように。やがて、うつ病、不安障害を発症し、退職せざるを得なくなった。

同僚の発達障害の特性に振り回され、精神的に追い詰められていったナミさん。最後は「顔も見られなくなった」という

昔から、人間関係に対する苦手意識があったナミさんは、職場での男性との軋轢《あつれき》の原因が、自分にあるかもしれないと感じ、コミュニケーションに関する書籍を読みあさった。そこで行き着いたのが発達障害だった。解説書に記述されていた特性が、驚くほどに職場の男性に当てはまり、全ての謎が解けていった。

と、同時に、ナミさんはもう一つ気づいたことがあった。それは、自らにも発達障害の特徴と重なる部分が多いということ。共感性の低さ、曖昧《あいまい》な言い回しが理解しにくい、融通《ゆうずう》がきかないなど、今まで、さまざまな場面でつまずいてきた要因が、そこで明らかになった。

思えば、職場の男性は、衝動性から思いつきで行動し、人との距離感が測《はか》れず、プライベートな領域に踏み込んでくる面があった。一方のナミさんは、規則やルールに従うことに安心感を覚え、人との付き合いも距離感をたもちたいタイプだった。

相反《あいはん》する両者の特性が、水と油のように反発しあったため、余計にストレス値が高まったのだ。

*

ナミさんにとって大きな転機となったのは、退職後に通うようになったデイケアでのスタッフとの出会いだった。

幼い頃から周りの批判に苦しみ、恨みや怒りが絡《から》み合っていたナミさんの感情のもつれを、デイケアのスタッフは、時間を掛けて優しく解《と》きほぐしていった。自己否定に陥っていたナミさんの心は、徐々に平穏《へいおん》を取り戻し、「人生って楽しんでいいんだ」と思えるようになった。

さらに、地域の婦人部の存在も、大きな心の支えとなった。小さい頃から数十年、変わらずに通い続けてくれたその人は、決して自分の意見を押しつけることなく、いつも「ナミちゃんはどうしたいの？」と尋《たず》ねてくれた。それだけで、自分の存在を認めてもらえたような気がして、生きていこうと思えたという。

誰とも心が通いあわず、人が怖くなった時期もあった。でも自分を救ってくれたのも人だった。担当医、カウンセリングの心理士、デイケアのスタッフ、就労移行の支援員、学会の同志と、自分を理解してくれる人がいたから、何度つまずいても顔を上げることができた。

＊

ナミさんは就労移行の支援を受け、自らの強み、弱みを明確にする中で、特性に適した仕事を見つけ、新たな一歩を踏み出した。

全てを人任せに頼るのではなく、自ら困りごとを伝え、特性を知ってもらおうとする歩み寄りが、自分を守ることになると知った。そうする中で、適切なサポートをもらい、ストレスを回避しながら、生き生きと仕事に励めるようになった。

ナミさんには過集中の特性があり、仕事のキリをつけるのが苦手なため、ストップウオッチで時間を管理している

自身の発達障害に悩み、また、カサンドラ症候群にも陥った身として、ナミさんが「あくまでも個人の見解ですが」と前置きした上で、職場での支援の形を語ってくれた。

「良い意味で、期待しすぎず、求めすぎず、付き合ってほしい。人との関わりが苦手な私からすれば、事務的に関わってくれるほうがむしろ楽だし、仲良くなろうと、ぐいぐい来られると、ちょっと……。それも含めて『あいつ』なんだって思ってもらえると本当に助かります。

何より、身近な人の特性で悩んだら、一人で抱え込まず、職場内で共有してほしい。自分の特性が人を苦しめていると思うと、それこそ苦しいし、自分の存在を否定してしまうかもしれない。だから、サポートする人も、まずは自分自身の心を守ることを優先してほしい」と。

今では、自身の特性が周りに負担を与えていないかを考え、ほどよい距離感で働けるようになってきたというナミさん。両者の苦悩を知るからこそ語ることのできる、まっすぐな言葉が、そこにはあった。

これまで、人との感覚のズレに悩んできたというナミさん。しかし、その言動からは、全くといっていいほど、「ズレ」が見えなかった。むしろ、同僚の特性を冷静に語るあたりは、いわゆる「普通」の感覚で男性の違和感を捉えているようにさえ感じた。

そのことを本人に伝えると、「たぶん、秘書検定の影響です」と。振る舞い、言葉遣いなど、相手に良い印象を与える基本的な常識を学び、それを人生のベースにすることで、周りから「変」に映らない自分をつくってきたという。

*

ナミさんは、もともと依存心も人一倍強かったそうだが、池田大作先生の「(仏法は)民衆が『自立』するための哲学です」「『自分自身の力で』『自分自身を作り上げていく』ことを教える法です」という指導に胸打たれてからは、もがきながら自立の道を切り開いてきたのだった。

「よく、人の3倍頑張るっていうじゃないですか。私たちは、10倍くらいやって、ようやくみんなと同じラインに立ってるんです」

「ズレ」が見えなかったのは、陰での見えない努力や涙があったからこそ。そうした「見えない」ものをキャッチし、ハンデある人たちが生きがいをもって働ける職場は、一体どれだけあるのだろうか。理想論で終わらせない変化の一歩を、自分のいる場所から踏み出したい。

インタビュー

生きづらさのない成熟した社会を

片山泰一教授（大阪大学大学院・連合小児発達学研究科）

発達障害にまつわる苦悩をいかに取り除《のぞ》いていけるのか——。そうした問題意識のもと、科学的アプローチで心の問題に迫《せま》り、社会に啓発を与える研究者がいる。障害とは何か。支援とは何か。大阪大学大学院・連合小児発達学研究科の片山泰一教授に話を聞いた。

人を傷つける言葉

——日本では「障害」という言葉にネガティブなイメージがあり、「発達障害」という呼称《こしょう》に疑問を抱く人が少なくありません。

世界から見て、日本人の障害に対する捉《とら》え方は、相当遅れています。そこが成熟していれば、「障害」と表現しても問題ないのですが、日本はいまだ優生思想（障害の有無などで人に優劣をつけようとする考え）が色濃く、残念ながら、障害を抱えている方を、どこか劣《おと》っている存在として見てしまう風潮があります。

本来、理解を促すための「障害」という言葉が、時に、人を傷つける暴言となって乱用されてしまっている場合もあります。そうした現実からも、障害への考え方が未成熟なうちは、「障害」という言葉を用いることへのためらいもあります。

その一方で、「障害」という言葉を通して、人との違いで困っていることや、支援を必要としていることを、認識してもらえる現実もあり、非常に繊細な問題です。

社会的理解の水準

——2006年に、国連総会で「障害者権利条約」が採択され、必要な配慮の提供が社会に求められるようになりました。

日本も、翌年に署名はしたものの、批准《ひじゅん》には至りませんでした。なぜなら、国内法が同条約が求める水準に達しておらず、整備する必要があったからです。日本が140番目の批准国として、ようやく国際ルールに追いついたのは6年前です。

障害者権利条約の中では、社会がつくり出している障壁のことを「障害」とする「社会モデル」の考え方が示されていま

かたやま・たいいち●大阪大学大学院・連合小児発達学研究科・教授。大阪大学、金沢大学、浜松医科大学、千葉大学、福井大学による連合小児発達学研究科で、脳に関する基礎研究を行い、子どもの心の問題にアプローチする。公益社団法人「子どもの発達科学研究所」の代表理事。大阪府の特別参与として、発達障害支援の策定にも携わる。博士（医学）。

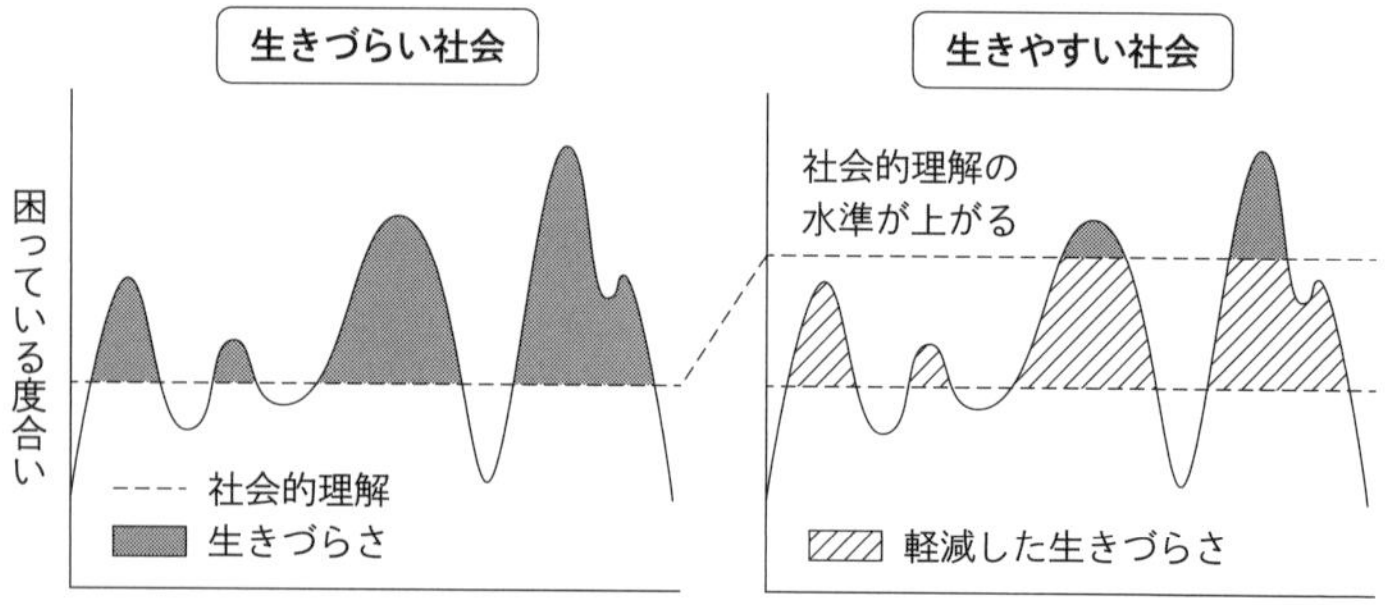

社会的理解の水準が低いと、特性が生きづらさとなって顕在化してしまう

社会的理解の水準が上がれば、特性ゆえの生きづらさが軽減する

す。

例えば、車イスの方がパソコンを使って仕事をする。ここには、なんの障害もありません。ところが、決められた時間内で「×件、営業に回ってこい」となると、自由に歩ける人と同じようにはいかない。この場面では、「障害」が発現していることになるのです。つまり、「障害者」というカテゴリーがあるのではなく、社会が障害者をつくり出しているのです。

こうした状況は、何も特定の人にだけ生じることではありません。例えば、カラオケ一つとっても、苦手な人は、〝カラオケ障害〟といえるかもしれません。嫌なのに、無理やり歌わされたら、どう思うでしょうか。

私たちが、「常識」「普通」と思っていることが、全ての人に当てはまるとは限らないのです。

近年、さまざまな社会の変化が絡《から》み合い、今までなら、生きづらさを感じずに済んでいた特性も、社会の中で顕在《けんざい》化《か》するようになりました。合理主義や成果主義、排除の論理などにより、自分と他者を切り離し、個を認め合うという社会的理解の水準が下がっていることが理由に挙《あ》げられるでしょう。

逆にいえば、社会が成熟し、この水準を上げることができれば、発達障害の方も、生きづらさが顕在化せずに済むと考えられます（172ページ図解参照）。

しかし、昨今、メディアなどで、発達障害が広く紹介されているにもかかわらず、この水準が上がってきません。社会の認知度が上がることと、社会が成熟することとは、イコールではないのです。

アドバイスの相違

——医学的見地《けんち》だけでなく、多面的な視点からの研究で、発達障害にアプローチされていますね。

もともと製薬会社に勤めていた私は、中枢神経系の疾患《しっかん》の薬剤開発をするため、最先端の分子生物学的アプローチを身につけようと、大阪大学大学院で研究を始めました。

研究を進めるうちに、脳の細胞が死んでいくアルツハイマー病のような神経変性疾患と違って、精神疾患は、細胞が死滅《しめつ》するのではなく、脳の神経回路に問題が生じていることに関心を抱き始めました。

そうした中、大きな出来事に直面します。ある小学校で起きた無差別殺傷事件でした。残忍《ざんにん》な犯行によって尊い命が奪われ、恐怖の現場に居合わせた多くの児童が、心に深い傷を負いました。実は、私の上の子も現場に遭遇した一人でした。

事件後、多くの児童が、ＰＴＳＤ（心的外傷後ストレス障害）等に苦しみ、精神疾患等の激しい症状が表れるようになりました。そうした中、親御さんは、医師に、心理士に、教員に、助けを求めました。しかし、三者それぞれの助言が異なり、なかには真逆のアドバイスが伝えられるというケースもあったのです。親御さんたちは、何を信じていいのか、困惑していました。

私の子も、医師に診《み》ていただきました。当然、わが子の状態を観察した上でジャッジしてもらうのですが、そこには、血液検査や医療機器による検査のような、科学的な物差《ものさ》しがほとんどありませんでした。あくまでも、医師の先生方から診た症状の見立てで、客観的な判断材料があまりなかったのです。

多くの医療現場が客観的エビデンス（根拠）に基づき治療等を行うのに対し、精神疾患領域は、まだまだ客観的エビデンスが蓄積されていないと感じました。

何より、アドバイスが合わず、事件で負った心の傷以上に、精神状態が悪化していった児童の姿に心が痛み、メンタルヘルスをさらに科学的に解明する必要性を感じました。

そうした中、多面的な視点で「心を診られる」人材育成を行うために、医学、心理学、教育学、生命科学が一体となり、２００９年に「大阪大学大学院・連合小児発達学研究科」が誕生しました。複数の大学が運営する日本初の研究科であり、５大学の専門家が結集し、見解の違いを共有し、客観的方法を模索しながら、研究を進めています。

また、こうしたアカデミアの成果を分かりやすくかみ砕き、家庭や学校現場に届ける窓口が必要ということで、２０１０年には、現在の公益社団法人「子どもの発達科学研究所」が発足しました。

誤った公平感

――発達障害への理解を深める上で大切なことはなんでしょう。


まず、「当たり前」ということに気をつけることです。「当たり前」というのは、一人一人の認識、感覚の問題であって、自分が当たり前と思っていることが、他の人も同じように思っている保証はありません。

私たちは目で見たものを、いったん脳で調節して認識しています。皆それぞれの脳で調節さ

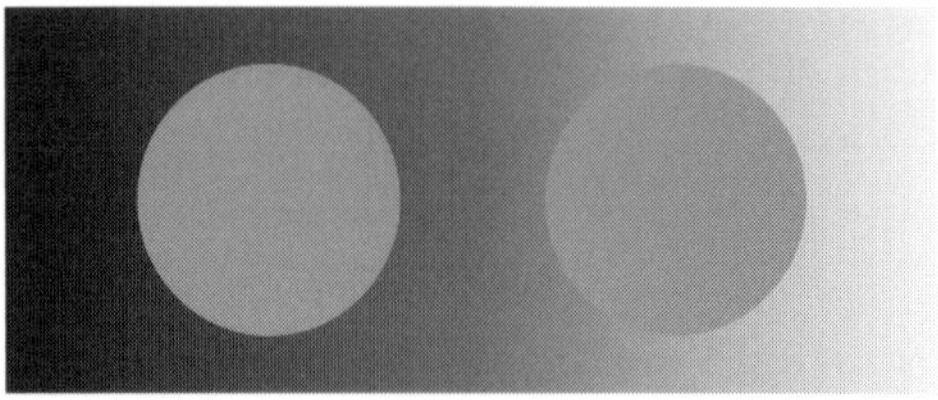

上に描かれた左右の円は、どちらが濃く見えるでしょうか？——正解は「どちらも同じ濃さ」です。ですが、違う濃さに見える人もいるのではないでしょうか。同じものでも、違って見える。これが私たちの脳の認識です。見えているものが全て正しいとは限らないのです。

れているのに、認識している世界が全く同じである方が、むしろ驚きなのです。

自分と他人には、必ず違いがあり、誰が正解なわけでもありません。その違いを認めることから理解の一歩が始まります。

今、私が懸念しているのは、誤った公平感です。日本の美徳といわれる協調性なども、行き過ぎてしまうと、「みんなと同じじゃないとダメ」になってしまう。無理に「同じである」ことを求めてしまっては、逆に公平性を損《そこ》なうことになります。

例えば、教科書の文字の並びが読みづらい子が、行間を広くすれば文字が読めるようになるのに、拡大コピーや、タブレット端末の使用を認めてもらえない。先生の言い分は、「特別扱いはできない」「学校のルールだから」と。

これは、メガネを掛けている子に対し、「メガネは特別扱いだから、メガネを外して授業を受けなさい」と言っているのと同じです。

特性への理解がないと、子どもたちに公平な土俵が用意されず、学ぶ権利が行き渡りません。そうした理不尽な現実に、不信感を抱く子どもがいても、おかしくありません。

問われる合理的配慮

——２０１６年に施行された「障害者差別解消法」では、国の行政機関や地方公共団体などに、「合理的配慮」の提供が法的に義務付けられるようになりました。


合理的配慮を具体的に挙げると、①精神疾患の特性により混雑を苦手とする人には、電車のラッシュ時の通勤を避けられるように、勤務時間を調整する②文字の読み書きが困難な人が、タブレット端末や音声読み上げソフトで対応できるようにするなど、その人その人に応じた多くの工夫が必要とされます。

こうした合理的な配慮が行われず、障害者の権利利益が侵害された場合は、「差別」に当たることも明示されています。

しかし、発達障害の特性は、見た目の分かりづらさもあり、理解を深めるのに困難を極め、時間を要することもあります。だからこそ、より可視化された客観的なアセスメント（一人一人の様子を把握し、その人が抱える問題点や優先度を判断し、方向性を明らかにすること）に利用できるツール等が重要になります。

学校の先生方も、客観的な情報をもとに「違い」が分かれば、より特性に応じた形で子どもたちと向き合うことができます。

例えば、言葉を字義通り捉える子は、「黒板を見てください」と言うと、黒板のどこを見るかは示されていないので、気になった掲示物や絵などに注意がいってしまうこともあります。そうした特性が念頭にあれば、「先生がチョークで書いたところに注目してください」と伝えることができます。

ここでいうアセスメントは、環境問題などで使われているような「評価」を示すものではありません。特性を客観的に知り、お互いを了解可能にするための物差しであり、人との「違い」をプラスの方向へと導くものだと思っています。

わが子の世界を知る

——発達障害は、早期に気づけるものなのでしょうか。

発達障害は、胎児期、もしくは生後早期の神経発達の偏《かたよ》りであって、極端にいうと、脳の回路が人と大きく違うということになります。ですので、親の育児やしつけに原因があるわけではありません。

ところが、その子が特性に沿わない不適切な環境に置かれてしまうと、予後が悪化して、2次障害等を引き起こし、精神疾患に発展してしまうケースもあります。

人への関心が薄い、人の表情から感情が読めない、感情を言葉にすることができないなどの特性が理解されず、何の配慮もなければ、コミュニケーションがうまくとれません。その結果、個人レベルでは、抑うつ、不安、孤立などが生じ、集団レベルでは、虐待《ぎゃくたい》、ネグレクト（育児放棄）、いじめ、学級崩壊につながることが分かっています。

それらを防ぐ意味でも、早期の気づきが大切になります。例えば診断を受けるにしても、発達障害の確定診断は、現行では2歳までできませんし、その傾向を知る、さまざまな方法も、一定数の見過ごしや過指摘があるなど不正確です。また、多くの乳幼児健診は問診等で行われるため、お母さま方にお子さんの特性を知っていただく客観的な方法がありませんでした。

この早期の気づきにアプローチする一つの手だてが、連合小児発達学研究科と民間会社が共同開発した「かおテレビ」です。お母さまのひざの上に、お子さんを乗せ、2分ほど動画を見ていただきます。赤ちゃんの視線の動きを測定することで、社会性の発達状況（どんなことに興味があるのか、目の前の人をどんな風に見ているのか）を客観的に知ることができるのです。

終了後は、すぐにお子さんが見ていた世界を確認できます。わが子の興味がどこに向いているのかが分かるので、お母さま方は、あっという間にお子さんの見ている世界を理解されます。こうした客観的なエビデンスを挟《はさ》むことで、子どもの特性や実情をストンと受け入れやすくなるのです。

ただし、この機器は、あくまでも、その子がどのような特性をもっているかを知っていただくためのサポートであり、発達障害を診断するものではありません。一方で、この機器を応用して、医療現場で診断補助もできるように開発が続けられています。

受け入れるまで

――親御さんが、お子さんの発達障害を受け入れるまでには、かなりの時間がかかると言われています。

最近の報告によると、親御さんが最初の指摘を受けてから、受容するまでに約3～4年を要するということが分かっています。親御さんにとっては、苦しい葛藤《かっとう》の年月でしょう。ですが、その間、適切な関わりを受けられないお子さんは、さらに困ってしまうことが増えていきます。

だからこそ、客観的なエビデンスがあれば、早い段階で、ありのままを受け入れる後押しにもなり、不適切な関わりも減り、2次障害等を防ぐことにもなります。

実は、私の下の子は、知的障害のある発達障害なんですが、こうした研究に携《たずさ》わっている私ですら、受け入れるまでに数カ月はかかりました。それでも、早いうちから療育《りょういく》などの社会的資源に行き着いて、苦手な場面での対応も学びながら、自立に向けて順調に育っています。

自分の経験からも言えるのは、やはり、「気づき」は早いに越したことはないということ。それは、早めに〝あきらめる〟ということではなく、いち早く、その子の人生を輝かせるためのベストな道を探していくという、全てのお子さんの子育てに共通する前向きな一歩なのです。

生涯にわたる支援

――小中高、そして就労と、ライフステージが変わるごとに、親御さんは苦労をされています。

幼少期は順調だったのに、学校に入った途端に手に負えなくなった。学校では厚い支援を受けていたのに、社会で心をズタズタにされた。そんな話をよく聞きます。

支援のあり方を考える時、一つの部門だけでは限界があります。ライフステージに応じた、一貫した包括的な支援体制が不可欠です。あわせて、それぞれのステージで関わる人たちの共通理解につながるツールが必要になります。

そのためには、個々の生まれてからのライフストーリーを蓄え、その人がつまずいた時に、過去のデータと照らし合わせ、必要な情報を抽出できることが必要です。

現在、大阪府池田市との共同研究により、全市民を対象とした発達・生活のデータを一生涯、記録できるツール「Ikeda_s（イケダス）」を開発・提供しています。

保護者の思いに加え、学校、医療、就労など、各機関が必要とする項目で構成されているので、的確に情報が記録され、人的引き継ぎがなくても、部門ごとで共有できるようになっています。障害の有無にかかわらず、「人は皆、一人一人違う」ことを知ることにもつながります。

さらに、特性に応じた合理的配慮をお願いする際に、客観的な根拠を提示できるようになり、生涯にわたって周囲への理解と支援を促すことが可能となります。

このようなツールをはじめ、全ての方々が、安心してライフステージを移行できるよう、科学の力を通じて、さらに社会的アプローチを進めていければと考えています。

同じ子はいない

――やはり教育現場がもたらす影響は大きいのでしょうか。

特別支援教育が正式に始まって十数年が過ぎました。ところが、その捉え方について〝通常学級に通えない人が行く場所〟というような偏った見方が、いまだに見受けられます。ある場面では、特別な支援が必要になる子どもも、教師の工夫の中でユニバーサル（普遍的）にできるものもいっぱいあります。

特別支援教育は、平等に教育の光を行き渡らせるための教育概念であるべきで、支援教育を必要とする子に分かる授業は、全ての人に分かりやすい授業なのです。

教育現場では常に、新しい時代の変化を受け入れながら、子どもの成長と向き合っていくことが求められます。ですが、先生方にも経験から得た自分なりの教育論があるはずです。しかし、それを無理に強行してしまうと、特性に合わない子どもが、拒絶反応を示してしまう恐れがあります。

もちろん、経験則というのが非常に重要だということを大前提とした上で、気をつけなければならないのは「同じ子はいない」ということです。発達の度合いも、育った環境も違うのに、同じ手法が通用するとは限りません。過去に「自分がこうだったから、こうする」という教育方針は、相手（子ども）への配慮を欠いた行動になりかねません。

その意味からも、教育現場でのさまざまな選択には、精査された客観性のあるエビデンスを適切に利用することが重要になってきています。その時々の状況や生徒の特性に応じ、ベストな選択を取れるように先生方にも柔軟に挑戦していただくことが必要な時代になってきたと感じています。

学校風土尺度

——文部科学省から委託された「子どもみんなプロジェクト」では、日本独自の「学校風土尺度」を開発されています。


「学校風土」とは、学校全体がもつ雰囲気や特色のことで、風土が良いと、いじめや不登校が少なくなり、成績が上向く傾向にあることが、海外の研究では明らかになっています。

日本の教育現場においても活用できるよう、本プロジェクトでは、信頼性・妥当性を検証した独自の質問による測定で、学校・学級の雰囲気を数値化して把握できる可能性を示すことができました。

可視化されたデータをもとに、現状を把握することで、やみくもな対応ではなく、しっかりとした根拠をもって、課題解決の選択ができるようになります。このことで忙しい先生方の努力が報われますし、何より、「予防的役割」を果たすことで、傷つく子どもたちを減らすことにつながります。

学校の風土というのは、その中の85％の集団によって決定づけられることが分かっています。たとえ悪い雰囲気をつくる15％の集団がいても、85％が良い雰囲気をつくっていければ、トータルでカバーされる。

いじめの問題で見れば、加害者と被害者の他に、傍観者がいます。この傍観者に対して、適切にアプローチすることによって、風土を変え、いじめ問題を改善することができます。私たちは、「傍観者教育」と言っていますが、正しく行動する集団が全体の85％以上になるように教育していくことが、いじめ予防にとても重要なのです。

変容する子どもたち

――時代の多様性とともに、教師の存在が、これまで以上に大切になるように感じます。

感度のいい先生は、子どもたちの心を敏感に感じ取り、方法論を知らなくても、子どもたちの特性を見事に伸ばしておられます。しかし、教師は異動が伴《ともな》うもので、新たに担当になった先生が必ずしも同じようにできるとは限りません。一人への過度な依存《いそん》は、後に混乱を生むことがあります。

だからこそ、客観的なデータやエビデンスを使いながら、担当の先生が変わっても、子どもへの対応が変わらないようにしていくことが求められます。そうすることで、子どもたちが安心して学べる環境を、安定して提供していくことができるはずです。

なかには、「教育は試行錯誤するものだ」と、おっしゃる先生もいます。その通りかもしれませんが、うまくいかなかった時のリスクを考えなければなりません。児童・生徒のためであったとしても、その子が心に傷を負い、予後が幸せとかけ離れた方向に行ってしまったとしたら、誰が責任を取れるのでしょうか。

これらは、「誰か」に原因があるわけではなく、「やり方」に問題があると捉えてほしいのです。むしろ、教師の質などは、日本はとても高く、一人一人への丁寧な対応や、教育への情熱は、世界でも高水準のレベルだと言われていますし、私もそう感じます。

これだけ多様性にあふれ、子どもたちも変容している時代です。自《みずか》らの経験だけでは、考えが及ばないこともあります。判断に迷った時、客観的なデータをもとに対応することで、イチかバチかではなく、根拠のある選択を取れます。何より、うまくいかないと分かっている方法は回避できるので、それだけでも救われるお子さんはたくさんいます。

魅力ある人材資源

――子どもの就労について悩まれている親御さんがいます。

お子さんの未来を思うと、当然、不安になるものです。ですが決して悲観せず、あきらめず、特性を生かせる道を、一緒に見つけていってほしいと思います。

米ノースカロライナ州では、州をあげてＡＳＤ（自閉症スペクトラム障害）の方々が生きやすい仕組みを構築して、世界中にその方法を発信しています。その中の一つの方法に就労移行を支援する「ＴＴＡＰ（TEACCH Transition Assessment Profile）」というプログラムがあります。

お子さん自身の①できること②ちょっとできること（芽生え）③できないこと、をきちんとアセスメントし、②の「芽生え」を伸ばすことに注力し、できることを増やしていくものです。

就労の時期が近づいている時に、その年齢なら当然できそうなことができない場合、それは、もって生まれた特性として、できていない可能性があることが分かります。そこを無理して伸ばすことは本人にとって非常に苦しく、効果が薄いことが分かるわけです。そのことを回避して他の方法を選択できます。

そして、就《つ》きたい仕事をするために、必要なスキルとして、何を伸ばすべきなのかを明確にし、実行に移していきます。

少し時間はかかりますが、これをやるのと、やらないのとでは、仕事の定着率が格段に違ってきます。たとえ、就労しても、できない仕事であれば離職する可能性は高くなってしまいます。ですが、自らの意思で努力して、自分に合った仕事に就けたとなると、長く定着するのは言わずもがなです。

最近では、発達障害の方々の特性に着目し、積極的に採用を進めている企業もあります。さらに社会の理解が浸透していけば、仕事を創生する人も増え、魅力《みりょく》ある人材資源として、就労の道も一段と開かれていくのではないでしょうか。

犯罪とは対極

——社会の方向性は、今後どうあるべきでしょうか。

社会では、自らの心の中に偏見の意識があることに、気づいていない人が多くいます。

障害のある方が、何かを達成した時に、「障害があるのにすごいね」と言い、できなければ、「障害があるから仕方ないね」と言う。善かれと思っての言葉でしょうが、障害の有無にとらわれて、結局、上から目線で語ってしまっているのです。

また、メディアなどの報道のあり方も考えものです。凶悪事件の犯人に精神疾患の疑いがあれば、丁寧な説明もなく、発達障害の言葉をちらつかせ、発達障害の人たちがあたかも〝犯罪者予備軍〟かのような印象を残していく。これは電波を使った暴力そのものです。

むしろ2次障害などで適応障害になっていない発達障害の人たちが犯罪を起こす率は、一般の方々より低いと言われています。例えばＡＳＤの人たちの中には、言葉の裏を読めない人が多い。だから、嫌《いや》みのある一言に対しても、疑いもせず親切な言葉として受け止めます。この素直で純粋な心のもち主は、犯罪とは対極にいるはずなんです。

しかし、そうした人たちに奇異な視線を送り、心を痛めつけ、生き場所を追いやっていく。こうした社会の無理解と冷酷《れいこく》さが、適応障害や自尊感情の低下等へと進展させ、悪い状況が重なれば事件に関連していく可能性があります。このような事件は、全ての人々に起こりうることであって、発達障害だからということは言えないはずです。

主体者となって行動を

――先ほど、傍観者教育についての話がありましたが、社会でも同じことが当てはまるのでしょうか。

当てはまる面も確かにあると思います。大多数の傍観者によって、障害者を取り巻く、今の日本の風土はつくられており、社会的な問題が解決に向かわないのは、そこに原因があると言えるでしょう。

大切なことは、自らも傍観者になりうる存在であり、また、今の社会をつくり出している一員であることを自覚することです。私たちは、なんとなく社会の問題を考えているようで、どこかで人ごとになっていることが多々あります。

傍観者ではなく、主体者となって、今、どのような行動を起こせているのかを、自らに問い掛けてほしいと思います。

近年、さまざまな分野で、発達障害の方々の生きづらさを取り除くための挑戦が重ねられており、今後、支援の厚みが増していくことが期待されます。

しかし、最も必要となる支援は、正しい知識の啓発と共有です。一人でも多くの人が、理解を深め、当事者の方々のみならず、全ての人がお互いの違いを認め合って、何かあっても自然と配慮ができるようになることです。そうした温《あたた》かな心の広がりによって、全ての人に優しい、成熟した社会がつくられていくのではないでしょうか。

おわりに

少しずつ、ほんの少しずつ、「発達障害」の言葉が社会に浸透《しんとう》しつつある。だが、言葉の浸透が速度を増すのに対し、実生活の中で当事者の苦悩に自然と寄り添い、フラットな心で「その人らしさ」を受け止める社会が形成されているかと問われると、返答に窮《きゅう》してしまう。

ただ、長い間、発達障害が当事者やその周囲の人たちだけの「狭く、深い」問題になってしまっていたことを考えれば、裾野《すその》が「広く」なったことはポジティブな前進ともいえる。では、いかにして広さをたもちながら「深さ」を掘り進めていけるのか。そのキーワードとなるのは「他者への想像力」だと感じている。

本書の編集作業を進めている中、新型コロナウイルスの感染拡大が起こった。マスクや日用品の買い占め。外出自粛の要請に対し、「自分には関係ない」と行動する人たちがいた。その行動自体の是非《ぜひ》を問いたいわけではない。その行動の前提《ぜんてい》に「他者への想像力」があったのかを見つめる一人でありたいと感じた。

大切な家族や友人や恋人が、あなた自身の、私たち自身の「自分さえ良ければ」の余波を受け、苦しむことになるかもしれない（コロナ禍《か》に関していえば、自分の無自覚《むじかく》の行動が大切な人を死に至《いた》らしめるかもしれない）。その想像力をもつだけで、社会の無価値な衝突は減っていくに違いない。

そうした「控《ひか》える優しさ」に、さらに「歩み寄る優しさ」が加わると社会の生きづらさが一段と取り除かれていくのではないだろうか。

ここでいう「歩み寄る優しさ」とは、当然ながら物理的な距離を意味するものではない。相手の苦悩を知ろうとし、その痛みに思いを馳せ、自分に何ができるかを考え、できることをしていく。そうした歩み寄る優しさが加速すれば、発達障害も言葉の広がりにとどまらず、自分ごととして、理解に「深み」をもたらしてくれるだろう。

私たちの「想像力」がより深く、より体温のある優しいものであるならば、発達障害にかかわらず、あらゆるハンディを超えて、「自分らしさ」を誇れる世界が広がっていくに違いない。

日蓮大聖人は「一切衆生《いっさいしゅじょう》の異《い》の苦《く》を受《う》くるは悉《ことごと》く是《こ》れ日蓮一人《にちれんいちにん》の苦《く》なるべし」（全ての民衆が受ける、それぞれ異なる苦しみは、ことごとく日蓮一人の苦しみである）と仰《おお》せになっている。

私たちは、相手の気持ちを完全に理解することはできない。しかし、ほんのわずかであったとしても、相手の苦しみを知り、痛みを分かち合おうとする心に未来があり、希望が宿る。歩み寄った優しさの分だけ世界は変わり、また、その優しさの連鎖《れんさ》が回りまわって、私たちを温《あたた》かく包みこんでくれることを信じ、進んでいきたい。

本書の成立にあたっては、大白蓮華「いのちの光」転載のご快諾をいただいた当事者の方々（記事中で紹介）や、細心の注意をもって編集に協力をいただいた大阪大学大学院の片山泰一教授に、心から感謝申し上げたい。また、最後まで編集をサポートし、ご助力くださった潮出版社に感謝したい。

一、本書は、月刊誌「大白蓮華」で2018年2月から9回にわたって連載された「いのちの光」（発達障害、大人の発達障害）の内容を一部修正して収録したものです。

一、年齢、学会役職は「大白蓮華」掲載当時のものです。

一、本文中、『新編 日蓮大聖人御書全集』（創価学会版）の引用については、（御書〇〇ページ）と表記しました。

構成：三宅康之

いのちの光　仏法からみた「発達障害」

2020年７月３日　初版発行
2024年11月15日　５刷発行

編　者　聖教新聞 大白蓮華編集部
発行者　前田直彦
発行所　株式会社潮出版社
〒102-8110
東京都千代田区一番町6　一番町SQUARE
03-3230-0781（編集）
03-3230-0741（営業）
振替口座　00150-5-61090
印刷・製本　株式会社暁印刷

©Seikyo Shimbun Daibyakurengehenshubu 2020, Printed in Japan

ISBN978-4-267-02243-2 C0095

乱丁・落丁本は小社負担にてお取り替えいたします。

本書の全部または一部のコピー、電子データ化等の無断複製は著作権法上の例外を除き、禁じられています。

代行業者等の第三者に依頼して本書の電子的複製を行うことは、個人・家庭内等の使用目的であっても著作権法違反です。

定価はカバーに表示してあります。

仏法と科学からみた感染症

麻布大学名誉教授
鈴木 潤

新型コロナウイルスの猛威を防ぐために、
感染症の権威であり、創価学会副学術部長でもある著者が、
仏法と科学の眼からその処方箋を綴る。
「自分だけ」から「皆のために」、仏法を基調とした
「利他」「共助」の哲学こそが今こそ求められている。

本体価格：本体591円＋税
※消費税が別に加算されます

好評発売中！

1. 感染症の歴史と微生物の誕生
2. 感染症とその予防法
3. 感染症に打ち勝つ人間の免疫力
4. 祈りと励ましが感染症を防ぐ